Das Hanf-Kochbuch

Karin Iden

Das Hanf-Kochbuch

Eine alte Kulturpflanze
neu entdeckt:
Kochen und Backen mit Hanf

Seehamer Verlag

Hinweis des Verlages
Die in diesem Buch enthaltenen Informationen und Rezepte sind nach bestem Wissen und Gewissen zusammengestellt. Eine Haftung kann jedoch nicht übernommen werden.

Das Werk einschließlich aller seiner Teile ist urheberrechtlich geschützt. Jede Verwertung außerhalb der engen Grenzen des Urheberrechtsgesetzes ist ohne Zustimmung des Verlages unzulässig und strafbar. Das gilt insbesondere für Vervielfältigungen, Übersetzungen, Mikroverfilmungen und die Einspeisung und Verarbeitung in elektronischen Systemen.

© 1999 Wilhelm Heyne Verlag GmbH & Co. KG, München
Genehmigte Sonderausgabe 2000
für Seehamer Verlag GmbH, Weyarn
Alle Rechte vorbehalten
DTP: Georg Lehmacher, Friedberg
Umschlaggestaltung: Bine Cordes, Weyarn
Umschlagfoto: Peter Kölln, Köllnflockenwerke, Elmshorn
Printed in Austria
ISBN- 3-934058-10-8

Inhalt

Einleitung	7
Wissenswertes zum Thema Hanf	9
Die Geschichte des Hanfs	9
Zeittafel	9
Wiederentdeckung der Hanfpflanze	11
Hanf und Hanfprodukte im Überblick	13
Hanfsamen sind gesund und halten fit	16
Aufbewahrung von Hanfprodukten	17
Hanf in der Küche	18
Hanföl gibt Speisen Pfiff und ist gesund	18
Hanfsamen vorbereiten	18
Hanfsamen rösten	19
Hanföl macht den Salat an	19
Rezeptteil	21
Vorspeisen und Snacks	22
Salate	39
Suppen und Eintöpfe	55
Süße Suppen	74
Vegetarische Hauptgerichte und Beilagen	77
Fischgerichte	98
Geflügelgerichte	105
Fleischgerichte	113
Brot und Gebäck	121
Desserts	133
Hanf-Cocktails	145

Inhalt

Anhang 147
Einkaufsquellen 148
Versand-Adressen 150
Weitere Institutionen 153
Literatur 154
Rezeptregister nach Sachgruppen 155
Alphabetisches Rezeptverzeichnis 158

Abkürzungen und Erklärungen:

EL = Eßlöffel
TL = Teelöffel
Msp = Messerspitze
l = Liter
cl = 1 Zentiliter ($^1/_{100}$ l)
g = Gramm
kg = Kilogramm
1 Tasse entspricht einer normalen Teetasse mit $^1/_8$ l Inhalt

Wenn nicht anders angegeben, sind die Rezepte für 4 Portionen berechnet.

Dank
Für die fachliche Beratung von Herrn Dr. Michael Metz
(Fa. mörk-naturprodukte) bedanke ich mich

Einleitung

Der Hanf (Cannabis sativa L.) gehört zu den wenigen Pflanzen, die schon vor Jahrtausenden von den Menschen als Nutzpflanze erkannt und auch kultiviert wurde. Der geschichtlich älteste Webstoff aus Hanf wurde offenbar 8000 v. Chr. erstmals erwähnt, und in China baute man Hanf als Faser- und Heilpflanze wohl schon um 10.000 v. Chr. an. Die Phönizier stellten daraus Segel und Taue für ihre Schiffe her; Schamanen nutzten die Blüten und das Harz für ihre Heilkunst.

Nomadenvölker verbreiteten die Cannabispflanze nach Ägypten, Indien und Europa, und überall wurde Cannabis wegen seiner hervorragenden Eigenschaften, nämlich zur Gewinnung von Fasern, zur Herstellung von Heilmitteln, für Nahrungsmittel und Ölgewinnung geschätzt.

Nach Amerika kam Hanf 1492: Christoph Columbus ließ die Segel seiner Schiffe aus Hanfstoffen fertigen. Schließlich wurde die vielversprechende Pflanze in einen profitablen Wirtschaftsfaktor verwandelt. Von 1618 bis Mitte des 18. Jahrhunderts zwang man die Farmer, Hanf auf dem Feld und im Garten anzubauen. Und auch die Präsidenten George Washington und Thomas Jefferson pflegten ihre Hanf-Plantage und machten Cannabis zum gesetzlichen Zahlungsmittel.

Den größten Ernteerfolg gab es, als Hanf als Genußmittel schon geächtet war: zwischen 1942 und 1946 produzierten US-Farmer nach dem Motto »Hemp for victory« (Hanf für den Sieg) jährlich 42 Tonnen Hanffasern für Kriegszwecke. Und diesseits des Ozeans war es ebenso: Die Nationalsozialisten riefen zum Hanfanbau auf. Mit dem Ende des Krieges jedoch kam das Aus für den Hanf – Haschisch und Marihuana (ebenso ein Hanfprodukt) wurden zur Mörderdroge stilisiert.

Wohl kaum ein Gewächs hat eine so wechselvolle Geschichte hinter sich wie der Hanf. Gelobt, umstritten, verteufelt, verboten – so widerspruchsvoll wurde Hanf beurteilt. Zum Glück ist diese Pflanze von Natur aus, im wahrsten Sinne des Wortes, widerstandsfähig. Und nicht nur das – sie ist auch enorm vielseitig.

Einleitung

Hergestellt werden daraus Papier (wie für dieses Buch), Baustoffe, Lacke, Farben, Stoffe für robuste und reißfeste Kleidung, z. B. die allseits beliebten Jeans, und sogar im Innenleben von Autos, etwa der bayerischen Nobelmarke BMW (5er Serie), finden sich Fasern dieser Wunderpflanze. Damit nicht genug, werden auch Kosmetikprodukte und unsere tägliche Nahrung mit den kleinen, knackigen Körnchen sowie feinem Hanföl angereichert und verfeinert.

Seit 1996 sind Anbau und Verbreitung der Tetrahydrocannabinol-(THC)-armen Hanfsorten wieder erlaubt. Man kann daher sagen: Hanf ist wieder salonfähig – die Hanfzeit hat begonnen. Hanfsamen sind ovale, kugelige Körner, und ausschließlich sie spielen in der Küche als Grundstoff, aus dem Öl, Schrot und Mehl gewonnen werden, eine Rolle. Hanfsamen schmekken nicht nur gut, sondern sie sind gesund und halten fit. Als Energiespender sind sie sehr eiweißreich und enthalten für den menschlichen Körper wichtige Fettsäuren. Die Ausgewogenheit der Fettsäuren macht Hanföl einzigartig unter den Speiseölen. Außerdem werden aus Hanfsamen Nudeln, Müsli, Backwaren, Bier, Limonade, neuerdings auch Gummibärchen, Schokolade und Sirup hergestellt. Ebenso sind mit Hanfsamen fabrizierte Fertig- und Halbfertig-Produkte (Schokoaufstrich, Müsli-Riegel oder Suppe) im Handel.

Mit diesen und einigen weiteren Zutaten tut sich für alle, die gern kochen und genießen, eine neue kulinarische Entdeckung auf. Selbst Profiköche sind fasziniert von Hanf-Produkten, so daß auch bei den Lesern dieses Buches sicher Lust aufs Kochen entstehen wird. Mit diesen »hanfigen« Rezepten aus der regionalen und internationalen Küche brauchen Sie sich nicht groß umzustellen, denn die meisten Produkte verwenden Sie sowieso jeden Tag. Einige kommen noch dazu – und das macht dieses Thema so interessant.

Hanfsamen und das fertig gepreßte Öl sind zwar nicht gleich im Laden um die Ecke erhältlich, aber in ausgewiesenen HanfHäusern, Bio-Läden, gut sortierten Reformhäusern oder über Versandadressen (siehe Anhang) bekommt man sie stets frisch. Und damit alles gut rutscht, gibt es Hanflimonade oder Hanfbier zum Essen und einen Hanfschnaps danach zur Verdauung. All diese Produkte finden Sie in HanfHäusern. Für die Samen wie für die Fasern gilt: Sie haben keinerlei berauschende Wirkung.

Wissenswertes zum Thema Hanf

Die Geschichte des Hanfs

Die Hanfpflanze stammt aus Zentralasien, wo sie auch heute noch wild wächst. Von dort gelangte sie über Vorderasien nach Europa, Afrika und schließlich nach Amerika. Die Spuren der Hanfkultivierung lassen sich in China sehr weit ins Dunkel der Geschichte zurückverfolgen.

Zeittafel

Ca. 10.000 v. Chr.	Hanfanbau in China zur Texilherstellung, als Nahrungsmittel und als Medizin
8.000 v. Chr.	Auf dem Gebiet der heutigen Türkei wird Hanf zu Gewebe verarbeitet (Catal Hüyük)
5500 v. Chr.	Frühester Fund von Cannabissamen in Eisenberg/Thüringen
3700 v. Chr.	Erste schriftliche Erwähnung des Hanfs im Pen Tsao, einem chinesischen Arzneibuch des Kaisers Schen Nung
500 v. Chr.	Fund von Hanfstoffen im Grabhügel eines keltischen Fürsten (Hochdorf bei Stuttgart). Die Stoffe wurden noch aus den vom Stengel abgezogenen Bastfasern hergestellt
484 v. Chr.	Herodot berichtet vom Hanfgebrauch der Skythen und Thraker
100 v. Chr.	Lucilius, römischer Schriftsteller, beschreibt die Pflanze
800 n. Chr.	Karl der Große ordnet mit einem Gesetz an, daß in seinem Reich Hanf angebaut werden muß
1150	Hildegard von Bingen erforscht in ihren medizinischen Werken u. a. die Heilpflanze Hanf

Wissenswertes zum Thema Hanf

1455	Gutenberg stellt seine auf Hanfpapier gedruckte Gutenberg-Bibel fertig
ab 16. Jh.	Hanf findet sich bis hinein ins 20. Jahrhundert in praktisch jedem Arzneibuch
1765	George Washington, erster Präsident der USA, läßt Hanf anbauen
1912	Hanf erscheint auf der Verbotsliste der I. Internationalen Opiumkonferenz
Anfang des 20. Jhs.	Die Hanffaser wird von aus »Billiglohnländern« stammenden Faserpflanzen (Manilahanf, Sisal, Jute) verdrängt.
1924	Die 2. Internationale Opiumkonferenz erläßt ein weltweites Gesetz zur Drogenkontrolle und setzt Hanf mit auf die Verbotsliste
ab 1939	Der Hanfanbau wird weltweit (in Folge des Krieges und der abgeschnittenen Importrouten für Faserpflanzen) forciert
1945	Nach dem Krieg geht der Hanfanbau in der westlichen Welt bis zur Bedeutungslosigkeit zurück
1964	Gründung der Legalize Cannabis Campaign in Großbritannien.
1972	Erste »Coffeeshops« in Amsterdam
1980	Erste internationale Cannabiskonferenz in Amsterdam
1994	Urteil des Bundesverfassungsgerichts, das für den Besitz kleiner Mengen und den Konsum von Cannabisprodukten Straffreiheit fordert
1996	Der Anbau von THC-armem Hanf ist in Deutschland, allerdings genehmigungspflichtig, wieder gestattet

Quelle: HANF-Museum, Berlin

Wiederentdeckung der Hanfpflanze

Cannabis ist der Gattungsbegriff und der botanische Name für Hanf. Es gibt drei Arten des Hanfs, die sich in Aussehen und der Qualität der Fasern, des Öls und des Harzes voneinander unterscheiden. Dementsprechend ist auch die Nutzung, bzw. Wirkung unterschiedlich. Es gibt drei Pflanzenarten, nämlich Cannabis sativa (Gewöhnlicher Hanf), Cannabis indica (Indischer Hanf) und Cannabis ruderalis (Wilder Hanf).

Cannabis sativa (gewöhnlicher Hanf) wurde 1737 von dem Botaniker Linné so beschrieben: Die Pflanzen werden bis zu 4 m hoch, haben einen dicken, faserigen Stengel, nur wenige Zweige und lockeres Laubwerk. Der Gehalt an psychoaktiven Stoffen (THC) ist sehr gering.

Hanfsamen galten schon bei den orientalischen Völkern und in einigen Gegenden Rußlands als Nahrungsmittel. Der dort angebaute Hanf wird wie Hafergrütze zubereitet. Auch Mönche im Mittelalter aßen täglich Hanfsuppe oder -brei. Damit führten sie ihrem Körper wertvolle Proteine und Fette zu. Daß Hanfsamen gesund sind, wurde von Wissenschaftlern erkannt. Deshalb bietet sich für alle, die gern und ernährungsbewußt essen, ein weites Experimentierfeld an.

Dank der Wissenschaft konnte der THC-Gehalt (Delta-9-Tetrahydrocannabinol), der die berauschende Wirkung erzeugt, von ehemals bis zu 10 % auf nur noch 0,3 % gesenkt werden. Aus der THC-reichen Pflanze wurde eine THC-arme, die nun auch nicht als Droge verwendet werden kann. Bedingt dadurch darf die Pflanze – trotz allem nur mit Genehmigung – seit 1996 wieder angebaut werden.

Durch die Wiederentdeckung der Hanfpflanze wurden und werden auch die Lebensmittel-Technologien für die Aufbereitung von Hanfsaat weiterentwickelt. In den USA hat man z. B. durch Extraktion des Proteins eine Art Hanfquark und einen Hanfjoghurt hergestellt. Selbst die Bruchstücke der harten, graubraun gefärbten Fruchtschalen aus dem Hanfmehl könnte man entfernen. Das sind die für so manchen Verbraucher gewöhnungsbedürftig erscheinenden Teilchen, die beim Kauen knacken und sich dazu noch im Mund, bzw. zwi-

Wiederentdeckung der Hanfpflanze

schen den Zähnen ansammeln. Diese Teilchen können Menschen mit empfindlichem Darm Schwierigkeiten bereiten. Durch mehrmaliges Sieben des Hanfmehls könnte man die Schalen jedoch völlig beseitigen.

Es gibt gegenwärtig Verfahren, bei denen die Hanfsaat in eigens konstruierten Schälmaschinen von der Fruchtschale befreit wird und nur die hellgelben Samen mit den beiden Speicher-Keimblättern übrig bleiben. Die abgesprengten Schalen werden als Füllmaterial für Sitzkissen weiterverwendet. Aus dem geschälten Hanf werden dann öl- und proteinhaltige Pasten,

zarte Hanfflocken oder geröstete Produkte wie Crispies hergestellt oder auch ein helles Hanföl gepreßt und aus dem Preßkuchen ein »entöltes« weißgelbliches Hanfmehl produziert. Aufgrund der fehlenden, relativ dicken, schützenden Fruchtschale, bietet die geschälte Hanffrucht den äußeren Einflüssen der Luft, dem Licht und dem Befall von Bakterien und Pilzen eine größere Angriffsfläche. Deshalb müssen diese Hanfprodukte sehr pfleglich behandelt werden. Aber es kann nicht mehr lange dauern, bis die Technologie zur Erhaltung der Qualität ebenfalls weiterentwickelt wird.

Hanf und Hanfprodukte im Überblick

Hanfsamen

Botanisch gesehen sind Hanfsamen Früchte, sogenannte einsamige Nüsschen von grüner bis brauner oder schwarzgrauer Färbung, die von einer harten, dünnen, verholzten Fruchtschale umgeben sind. Sie haben einen Durchmesser von etwa 3–4 mm und es wird Öl, Schrot und Mehl aus ihnen gemacht. Hanfsamen kann man im Mörser grob oder fein schroten. Ganze Hanfsamen aus herkömmlichem und kontrolliert biologischem Anbau gibt es geröstet und ungeröstet zu kaufen.

Ob ganz oder geschrotet – sie schmecken immer herrlich nussig und ergeben einen Snack, den man wie Mandeln oder Nüsse zu Bier oder Wein essen kann. Im Gegensatz zu den knackigen Hanfsamen gibt es auch geschälte Hanfsamen. Die knacken beim Kauen nicht mehr. Es sei denn, man verteilt sie auf einer flachen feuerfesten Schale, stellt sie in den Backofen und röstet sie bei 170 °C Umluft. Das ergibt eine herrliche Zutat für Müsli, zum Bestreuen von Salaten und als Zutat für Fleisch und Fisch.

Hanfschrot

Das sind Hanfsamen, die vor oder nach dem Rösten zerkleinert werden. Am besten geht das portionsweise in einem Porzellanmörser. Die geschroteten Körnchen, grob oder fein, kann man wie Weizen- oder Haferschrot für Müsli, Brei, zum Bestreuen von Salaten, zum Panieren von kleinen Fleisch- oder Fischstücken oder zum Beimischen in andere Getreidesorten verwenden.

Hanf und Hanfprodukte im Überblick

Hanfmehl

Davon gibt es zwei Sorten. Hanfsaatmehl ist fein gemahlener Hanfsamen. Ölreduziertes Hanfmehl wird aus dem Preßkuchen, einem Restprodukt der Ölgewinnung, hergestellt.

Hanfmehl kann man aus ganzen Hanfsamen zu Hause herstellen. Dazu sollte möglichst eine Mühle mit Keramikmahlwerk (z. B. einer Ölsaatmühle oder Mohnmühle) genommen werden. Aufgrund des hohen Ölgehaltes sollte es keine andere Mühle sein, denn diese verkleben und sind anschließend nicht mehr brauchbar.

Es ist mühsam, aber möglich, kleine Mengen Hanfsamen im Mörser zu Mehl, fein oder grob, zu verarbeiten.

Übrigens, leicht geröstete Samen lassen sich wesentlich besser mahlen als ungeröstete. Die Fruchtschalen brechen leichter auf. Nach dem Zermahlen kann man die Fruchtschalenreste absieben. Ißt man sie mit, hat man entsprechend mehr Ballaststoffe aufgenommen.

Hanfmehl enthält kein Klebereiweiß und muß grundsätzlich mit kleberhaltigem Mehl (Weizen- oder Roggenmehl) vermischt werden. Ölreduziertes Mehl im Verhältnis 1:4 oder 1:5 (d. h. 100 g Hanfmehl auf 400 g bis 500 g Weizen- oder Roggenmehl). Hanfsamenmehl im Verhältnis 1:10 (d. h. 50 g Hanfmehl auf 500 g Weizen- oder Roggenmehl). Ansonsten wird der Teig zu fettig, bzw. geht nicht mehr auf.

Egal, welches Hanfmehl – aus Preßkuchen oder den Hanfsamen direkt – beide Mehle sind als Zugabe für die Herstellung von Brot, Brötchen und Kuchen, zur Pizza- oder Nudelherstellung geeignet. Außerdem ist es auch zum Beimischen in Frikadellen (Bratlingen) oder für Suppeneinlagen geeignet.

Bei Verwendung von Mehl aus Hanfsamen kann bei der Herstellung verschiedener Speisen, wie Spätzle oder Nudeln, auf die Beigabe von Eiern verzichtet werden. Das bringt insbesondere Vorteile für Menschen mit zu hohen Cholesterinwerten. So lassen sich cholesterinfreie Gerichte aus Hanfmehl zubereiten.

Hanföl

Die Samen der Hanfpflanze stammen aus herkömmlichem und auch aus biologisch kontrolliertem Anbau. Die Samen enthalten etwa 30 % Öl, das wertvollste Öl überhaupt. Hanföl wird durch Auspressen der Hanfsamen gewonnen. Durch besonders schonende kalte Preßverfahren wird nicht nur die Vollwertigkeit, sondern auch der Erhalt des natürlichen nussigen Geschmacks die-

Hanföl

ses Öls garantiert. Hanföl ist weiß-gelblich und zu 100 % rein. Auf überflüssige Filtrierverfahren, die mit Druck und Wärme die empfindliche Fettsäure zerstören können, wird verzichtet.

Hanföl ist sehr schmackhaft. Je nach Belieben, kann es pur oder in Begleitung eines zweiten geschmacksneutralen Öls, z. B. Raps- oder Sonnenblumenöl, verwendet werden. Um die wertvollen Inhaltstoffe zu erhalten, sollte Hanföl immer nur für kalte Gerichte, besonders für Vorspeisen wie Carpaccio, aber auch zum Beimischen unter Salatsaucen, Quarkcremes, Gemüse- oder Kartoffelgerichte, verwendet werden. Ein kleiner Schuß Hanföl, kurz vor dem Servieren an warme Speisen gegeben, verleiht dem Gericht eine Extranote. Aus geschälten Hanfsamen hergestelltes Hanföl ist besonders schmackhaft. Bereits 2 Teelöffel davon reichen aus, um den Tagesbedarf an ungesättigten Fettsäuren zu decken.

Hanfsamen sind gesund und halten fit

Hanfsamen enthalten Inhaltsstoffe, die ernährungsphysiologisch für den menschlichen Körper wertvoll sind: Etwa 30 % hochwertiges Öl, ca. 25 % vorteilhaftes Protein (Eiweiß, hauptsächlich sogenanntes Edestin), 20–30 % Kohlenhydrate, 10–15 % Ballaststoffe, sowie eine ganze Reihe von Mineralstoffen, besonders Phosphate, Kalium, Magnesium, Calcium und Schwefel, aber auch Eisen und Zink, Vitamin A, die B–Gruppe (außer Vitamin B 12), C und E, Carotinoide (als Provitamin A), Chlorophylle und einige Aromastoffe.

Das kalt gepreßte Hanföl hat seine grünlich-braune Färbung durch Chlorophylle aus den äußeren Schichten des Samens und der Carotinoide (z. B. Provitamin A) aus den Samenzellen.

Das Hanföl enthält 83,4 % ungesättigte Fettsäuren, die für den Menschen so wertvoll sind, weil sie unser Verdauungssystem durchlaufen, ohne sich festzusetzen und Arterien zu verfetten.

Die Fettsäuren-Zusammensetzung ist für den menschlichen Körper einfach ideal: 50 – 58 % Linolsäure (eine zweifach ungesättigte Fettsäure) und 14 – 20% dreifach ungesättigte Alpha-Linolensäure. Diese beiden sind essentielle, also lebensnotwendige Fettsäuren. Sie müssen mit der Nahrung aufgenommen werden, da der Körper sie nicht selbst produzieren kann. Es ist also wichtig, daß ein Speiseöl mehrfach ungesättigte Fettsäuren in ausreichender Menge für unseren täglichen Bedarf enthält – und da ist Hanföl genau richtig.

Auch das Verhältnis dieser essentiellen Fettsäuren von 3:1 ist für den menschlichen Körper bedeutungsvoll. Außerdem enthält Hanföl – je nach Sorte – die dreifach ungesättigte Gamma-Linolen-Fettsäure in der Menge von 1,5–6 %. Diese Fettsäuren sind sonst nur in Samenölen von landwirtschaftlich nicht so leicht verfügbaren Pflanzen, wie Borretsch (Borago officinalis L.), Nachtkerze (Oenothera biennis L.) oder der Schwarzen Johannisbeere (Ribes nigrum L.) vorrätig.

Die Gamma-Linolensäure, sonst in keinem anderen Pflanzenöl vorkommend, ist besonders wertvoll für das Immunsystem, das sich mit ihrer Hilfe vor Viren schützt. Unlängst wurde im Hanföl

Omega-3-Stearidonsäure, eine vierfach ungesättigte Fettsäure (0,3–2 %) entdeckt. Es ist eine Vorstufe für die Synthese der Gewebshormone (Prostaglandine), die im Körper vielfältige Aufgaben wie Steuerung der Funktion vieler Drüsen und Muskeln sowie der Nervenleitung wahrnehmen. Bereits die Gamma-Linolensäure wurde zur Vorbeugung von Arteriosklerose und zur Heilung von Neurodermitis sowie einigen Allergien angewandt.

Der überdurchschnittliche Anteil von etwa 80 % mehrfach ungesättigten Fettsäuren macht Hanföl gegenüber anderen Pflanzenölen, die einen hohen Gehalt an gesättigten bzw. einfach ungesättigten Fettsäuren enthalten, auch in anderer Weise »gesünder«

Aufbewahrung von Hanfprodukten

- Bedingt durch den hohen Anteil an mehrfach ungesättigten Fettsäuren ist Hanföl licht- und wärmeempfindlich. Es ist in geschlossenen Flaschen gekühlt durchschnittlich 6 Monate haltbar. Es sei denn, das Hanföl ist mit Vitamin E angereichert. Dann hält es sich 18 Monate. Hanföl sollte deshalb möglichst frisch verzehrt und nach dem ersten Gebrauch stets kühl und verschlossen gelagert werden.
- Beim Kauf von Hanfprodukten unbedingt auf das Haltbarkeitsdatum achten!
- Hanföl sollte nie zum Braten verwendet werden, weil sich bei der Erhitzung die Molekularstruktur des Öls verändert und die ungesättigten Fettsäuren zerstört werden.
- Auch die Samen – ob zu Mehl verarbeitet, geröstet oder geschrotet – verlieren schnell an Haltbarkeit und werden leicht ranzig. Sie sollten schnell aufgebraucht werden.
- Das trifft auch für alle anderen Hanfprodukte (Halb-Fertigprodukte) zu, für die Hanfsamen verwendet wurden.
- Hanfsamen und -öl lassen sich hervorragend im Kühlschrank aufbewahren.

Hanf in der Küche

Hanf verleiht allen Gerichten durch sein spezifisches Aroma eine besondere Note. Ob man nun Hanfsamen über grüne Salatmischungen streut, für verschiedene Gemüse-, Fleisch-, Fisch- oder Geflügelgerichte, selbst für Süßspeisen verwendet – immer ist Hanf eine ideale Zutat. In jedem Fall jedoch heißt es: weniger ist mehr. Ein Zuviel, beispielsweise von Hanföl, könnte den Geschmack der Grundzutat überdecken.

Hanföl gibt Speisen Pfiff und ist gesund

Zur Geschmacksabrundung nach dem Zubereiten einige Tropfen Hanföl an gedünstetes Gemüse oder fertige warme Saucen geben. Das macht viele Gerichte aromatischer.

🌿 Als Beigabe sowohl zu pikanten als auch süßen Quarkgerichten ebenso wie zu Pellkartoffeln wird daraus ein traditionelles Gericht, das überdies supergesund ist: vitaminreiche Kartoffeln vereinen sich mit den ungesättigten Fettsäuren des Hanföls. Denn schon 1–2 Teelöffel (10 g)

pro Tag reichen aus, um dem Körper das zu geben, was er täglich braucht, aber nicht selbst produzieren kann, nämlich essentielle Fettsäuren.

Hanfsamen vorbereiten

🌿 Die Hanfsamen in eine Schüssel mit reichlich Wasser geben, dann mit einem Sieb obenauf abnehmen und gut abtropfen lassen, denn Hanfsamen sind leicht und schwimmen. Die Schmutzpartikelchen sinken ab.

🌿 Die abgenommenen Hanfsamen auf einem sauberen Tuch ausbreiten, abtupfen und weiterverwenden. Entweder als ganze Samen, im Mörser grob oder fein schroten oder rösten.

Hanföl macht den Salat an

Hanfsamen rösten

- Die gesäuberten Samen in eine Pfanne ohne Fett geben und darin unter ständigem Wenden etwa 2–3 Minuten rehbraun rösten.
- Es ist wichtig, die Samen, bevor sie sich dunkel färben, aus der Pfanne zu nehmen und abkühlen zu lassen.
- Die gerösteten Hanfsamen nun im Mörser grob oder fein schroten und entsprechend weiterverwenden.

Tipp:
Größere Mengen, wenn diese zum alsbaldigen Verbrauch bestimmt sind, können Sie auch ausgebreitet auf einem Blech im Backofen bei 180 bis 200 °C rösten.

Hanföl macht den Salat an

Vitamine aus Salaten und Gemüse sind nur sinnvoll, wenn sie von den entsprechenden Fetten in der Sauce begleitet werden. Und was gibt es besseres, als einen knackigen Salat mit einer Essig-Hanföl-Sauce anzumachen? Gartenfrische Kräuter, Salz und frisch gemahlener Pfeffer runden alles ab.
Geben Sie Hanföl immer als letzte Zutat in die Salatsauce, damit sich die Gewürze vorher mit den übrigen Salatzutaten verbinden können.

Hier vorweg eine kleine Kostprobe:

Hanf-Salatsauce

1–2 EL Essig
2–3 EL Wasser oder
Gemüsebrühe
Salz
1 Prise Zucker
2 EL Pflanzenöl
1 EL Hanföl

Varianten:

- etwas Senf und Zwiebelwürfelchen unterrühren
- Zitronensauce: Zitronensaft statt Essig verwenden
- Kräutersauce: 1–2 EL gehackte Kräuter wie Borretsch, Dill, Petersilie, Schnittlauch zugeben.

Beim Anrühren der Salatsauce immer erst Essig, Salz und Zucker vermischen, denn Essig schließt das Aroma auf. Das Pflanzen- und Hanföl zuletzt mit dem Schneebesen unterrühren. Danach kann nach Belieben mit Senf, Zwiebeln, Kräutern etc. variiert werden.
Ebenso lassen sich die Basiszutaten mit Käse, z. B. Blauschimmel- oder Schafs-

Hanf in der Küche

käse, Joghurt, süßer oder saurer Sahne zu einer leckeren Salatsauce verändern.

Tipps:
Ganz wichtig für eine sämige Salatsauce: alle Zutaten sollten Raumtemperatur haben.
Sollte von einer Salatsauce etwas übrig sein, diese in ein Schraubglas füllen und in den Kühlschrank stellen. Dann möglichst am nächsten Tag verwenden

Hanf-Quark-Salatsauce

100 g Speisequark
Salz
1 Prise Zucker
2 EL Zitronensaft
etwas Milch
gehackte Kräuter (Petersilie, Dill, Schnittlauch)
2 EL Hanföl

❋ Speisequark in einer Schüssel mit allen anderen Zutaten verrühren.

Tipp:
Statt Speisequark können Sie auch stichfesten Joghurt oder Schmand bzw. Sauerrahm verwenden.

Rezeptteil

Rezepte

Vorspeisen und Snacks

*1 Tasse Hanfsamen (90 g)
etwas Salz*

Hanf-Snack

- Die Hanfsamen in eine Schüssel mit reichlich Wasser geben, dann mit einem Sieb die obenauf schwimmenden Hanfsamen abnehmen und gut abtropfen lassen.
- Auf einem sauberen Tuch ausbreiten und abtupfen.
- Dann in einer Pfanne ohne Fett unter ständigem Wenden etwa 2 Minuten rehbraun rösten, bevor sie beginnen zu »springen«. Tun sie das, sind die Spitzen bereits verbrannt und die Samen sind bitter im Geschmack.
- Sofort in eine Schüssel geben und unter Wenden leicht mit Salz mischen.

Tipps:
Diese gerösteten Hanfsamen schmecken zu Wein oder Bier oder können zum Bestreuen von grünen Salaten oder Suppen verwendet werden. Im Mörser lassen sie sich gut zerstoßen – je nach Wunsch grob oder fein. Die knackigen Samen finden bei vielen Rezepten als Zutat Verwendung.

Die gerösteten Hanfsamen können fein gemahlen oder grob geschrotet und mit Salz und getrockneten Kräutern gemischt werden. Das ergibt eine Würzzutat für Reis- oder Gemüsegerichte und eignet sich prima zum Bestreuen von Butterbrot.

Vorspeisen und Snacks

Hanf-Knoblauch-Sauce

✻ Die Knoblauchzehen schälen, grob zerkleinern, mit Salz bestreuen und mit der Breitseite eines großen Messers zerdrücken. In
eine Schüssel geben und mit Eigelb verrühren, bis die Masse hellgelb und schaumig
wird.

✻ Die gerösteten Hanfsamen mit Mandeln und
Semmelbröseln zur Eigelbmasse geben.

✻ Unter ständigem Rühren tropfenweise erst
das Raps-, dann das Hanföl einrühren. Die
dicke Sauce mit Zitronensaft oder Weinessig
abschmecken. Die gehackte Petersilie unterrühren.

Tipp:
Schmeckt zu gebratenem Fisch, gekochten Arti-
schocken oder gedünsteten Zucchini. Aber auch
zu Lammkoteletts oder zum Dippen mit Brot-
streifen geeignet.

6 Knoblauchzehen
Vollmeersalz
3 Eigelb (Gew. Kl. M)
$^1/_2$ Tasse geröstete Hanfsamen,
fein geschrotet
$^1/_2$ Tasse geriebene Mandeln
2 EL Semmelbrösel
(Paniermehl)
je $^1/_{16}$ l Raps- und Hanföl
Saft von 1/2 Zitrone oder
2 EL Weißweinessig
1/2 Bund Petersilie, gehackt

Rezepte

Für die Hanfcreme:
250 g Magerquark
50 g Crème fraîche
2 TL Hanföl
1 TL mittelscharfer Senf
Salz, weißer Pfeffer,
frisch gemahlen
2 Tropfen Zitronensaft

1 kg frisches Gemüse, z. B.:
je 1 rote, gelbe und grüne
Paprikaschote
1 kleine Staude Sellerie
5–6 junge Möhren
2 kleine junge Zucchini
1 kleine längliche
Fenchelknolle
1 kleines Bund Radieschen
1 Staude Chicorée

Gemüse mit pikanter Hanfcreme

🌿 Für die Hanfcreme den Quark, Crème fraîche, Hanföl und Senf verrühren. Mit Salz, Pfeffer und Zitronensaft abschmecken.

🌿 Die Gemüsesorten abbrausen und trockenschwenken. Paprikaschoten längs in 1–2 cm breite Streifen schneiden, den Stangensellerie längs halbieren, die Möhren und Zucchini längs in Streifen, die Fenchelknolle in schmale Segmente teilen, die Radieschen von den Wurzeln befreien, 2–3 Blättchen oben dran lassen, die Chicoréestaude am Wurzelende kurz abschneiden und in einzelne Blätter zerlegen, große Blätter eventuell einmal längs halbieren. Die Gemüse auf einer großen Platte, die Hanfcreme in einem Schälchen anrichten. Jeder Gast bedient sich selbst und kann die entsprechenden Dips dazu wählen. Auch die folgenden Saucen schmecken gut dazu.

Tipp:
Wer mag, kann auch hier die gerösteten Hanfkörner (siehe Hanf-Snack, Seite 22) darüberstreuen.
Variante: Das pürierte Fleisch von zwei Avocados mit dem Saft von $1/2$ Zitrone und einigen Kerbelblättchen unter den Quark rühren. Mit Salz und Pfeffer würzen, jedoch den Senf dann weglassen. Auch das ist eine schmackhafte Sauce.

Vorspeisen und Snacks

Ziegenkäse mit pikanter Hanföl-Sauce und Hanfsamen

- Den Radicchio putzen, waschen, trockentupfen. Die Blätter einzeln lösen und eine Platte damit auslegen.
- Die Ziegenkäse einmal quer halbieren. Die Hanfsamen im Mörser grob schroten und die Käsestücke darin wälzen. Auf den Radicchioblättern anrichten. Die Feigen abreiben, achteln oder vierteln und zwischen den Käse setzen.
- Alles mit Balsam-Essig und Öl beträufeln, mit Salz und Pfeffer bestreuen. Balsam-Essig und Öl bereitstellen, damit sich jeder bei Tisch noch bedienen kann.

Beilage: Baguette

2 junge Stauden
Radicchio di Treviso
(länglicher Radicchio
aus Venetien)
4 EL geröstete Hanfsamen,
geschrotet
2 runde kleine
Ziegenfrischkäse
4 frische Feigen

Für die Marinade:
4 EL weißer Balsam-Essig
Vollmeersalz
weißer Pfeffer, frisch gemahlen
3 EL Rapsöl
2 EL Hanföl

Rezepte

100 g große schwarze Oliven
1–2 Knoblauchzehen
1 kleine Chilischote
100 g Kapern
1–2 gewässerte Sardellen
1 Thymianzweig
2 Salbeiblätter
3 TL geröstete Hanfsamen,
geschrotet
$1/2$ TL Senf, mittelscharf
2 TL Zitronensaft
Vollmeersalz
weißer Pfeffer, frisch gemahlen
1 EL Rapsöl
2 EL Hanföl

Kapern-Hanf-Sauce

* Das Olivenfruchtfleisch vom Stein schneiden. Die Knoblauchzehen schälen und zerdrücken. Beides fein hacken.
* Die Chilischote entstielen, die Frucht längs halbieren, die Kerne entfernen. Dann in superdünne Streifchen schneiden.
* Die abgetropften Kapern hacken; die Sardellen abspülen und ebenfalls fein hacken.
* Die Kräuter abbrausen, trockentupfen. Dann von den Stielen zupfen und fein schneiden. Alle Zutaten mit den Hanfsamen mischen und portionsweise im Mörser fein zermahlen.
* Die Masse mit etwas Senf und Zitronensaft verrühren und mit Salz und Pfeffer abschmecken. Dann mit Raps- und Hanföl verrühren.

Tipp:
Diese Sauce schmeckt zu hart gekochten Eiern, gebratenem kaltem Fleisch, gebratenem kaltem Fisch, zu Salaten oder auch zum Dippen mit Brotwürfeln oder Baguettescheiben.

Vorspeisen und Snacks

Auberginen-Hanf-Püree

🌿 Den Backofen 10 Minuten bei 200 °C (Umluft 180 °C, Gas Stufe 3) vorheizen.

🌿 Die Auberginen nebeneinander auf ein mit Backpapier ausgelegtes Blech setzen und so lange im Ofen lassen, bis die Haut runzelig wird und sich das Fruchtfleisch weich anfühlt.

🌿 Die Auberginen aus dem Ofen nehmen, mit einem feuchten Handtuch bedecken und kurz schwitzen lassen. Dann die Früchte längs aufschneiden, das Fruchtfleisch mit einem Löffel herausschaben und abkühlen lassen.

🌿 Inzwischen die Knoblauchzehen schälen und zerdrücken. Mit den Auberginen fein pürieren.

🌿 Pflanzen- und Hanföl, Zitronensaft oder Weißweinessig sowie die Hanfsamen zufügen und alles gut verrühren.

🌿 Das Auberginenpüree mit Salz, Pfeffer und Paprika würzen. Vor dem Servieren ca. 20 Minuten kühl stellen.

Tipp:
Schmeckt sehr gut gekühlt zu frisch gebackenem Hanf-Hefe-Brot, zu Crackern oder zu rohem Gemüse als Saucen-Dip.

Für 4–6 Portionen:
1 kg mittelgroße Auberginen
2–3 Knoblauchzehen
2 EL Pflanzenöl
1 EL Hanföl, kalt gepreßt
1–2 EL Zitronensaft oder
Weißweinessig
2–3 EL geröstete Hanfsamen,
fein geschrotet
Vollmeersalz
weißer Pfeffer, frisch gemahlen
1 TL edelsüßer Paprika

Rezepte

2 Knoblauchzehen
2 Bund Basilikum
250 g Ziegenfrischkäse
2 EL Hanföl
2 EL geschälte Hanfsamen,
geröstet
Vollmeersalz
weißer Pfeffer, frisch gemahlen
1 EL Zitronensaft

Hanf-Ziegenkäse-Creme mit Basilikum

🌿 Die Knoblauchzehen schälen, etwas zerkleinern und mit der Breitseite eines Messers
   zerdrücken.

🌿 Das Basilikum abbrausen, die Blätter abzupfen und sehr fein schneiden.

🌿 Frischkäse, Hanföl sowie Hanfsamen verrühren und mit dem zerdrückten Knoblauch, Basilikum, Salz, Pfeffer und Zitronensaft würzen.

Tipp:
Schmeckt prima als Aufstrich auf Ciabatta-Brot-
scheiben oder Baguette.

Varianten:
Statt Ziegenfrischkäse Schafsfrischkäse verwenden. Ein Tropfen Tabascosauce macht die Sauce
pikanter. Auch das Fruchtfleisch von 5–8 großen
schwarzen Oliven unter die Creme gemischt
schmeckt ausgezeichnet.

Vorspeisen und Snacks

Geröstete Knoblauch-Hanf-Brote mit Tomaten

2–3 kleine Knoblauchzehen
1 reife Fleischtomate
4–6 Basilikumblätter
Vollmeersalz
weißer Pfeffer, frisch gemahlen
8 dünne Scheiben Hanf-
Hefebrot (siehe Seite 156)
4 EL Hanföl
1 TL Hanfsamen, geröstet und
geschrotet

* Den Backofen auf 250 °C vorheizen. Knoblauch schälen. Die Tomate abspülen und klein würfeln. Das Basilikum abbrausen, trockentupfen und streifig schneiden. Mit den Tomatenstückchen mischen und mit Salz und Pfeffer würzen.

* Die Brotscheiben auf einen mit Backpapier versehenen Rost legen und leicht rösten.

* Die Knoblauchzehen halbieren und damit die heißen Brotscheiben einreiben, mit dem Hanföl beträufeln, mit der Tomatenmasse belegen und mit gerösteten, geschroteten Hanfsamen bestreuen. Sofort servieren.

Tipp:
Wer mag, kann auch frisch geriebenen Käse, z. B. Schafs- oder Parmesankäse auf die Tomatenmasse streuen und noch kurz überbacken.

Rezepte

350 g küchenfertiges Kalbsfilet
1 EL Rapsöl
4 EL Hanföl
3 TL Zitronensaft
50 g weiße Champignons
2–3 EL geschälte Hanfsamen,
geröstet
40 g Parmesankäse
schwarzer Pfeffer, frisch
gemahlen
Vollmeersalz

Carpaccio vom Kalb mit Hanf-Vinaigrette

- Das Kalbsfilet in Alufolie wickeln und etwa $1/2$ Stunde im Gefriergerät an-, jedoch nicht durchfrieren lassen. Dazu hin und wieder herausnehmen.
- Die Champignons putzen, die Stiele eventuell etwas kappen und die Pilze in sehr dünne Scheibchen schneiden.
- Das Rapsöl und 3 EL Hanföl mit Zitronensaft leicht verrühren und vier Teller mit der Mischung einstreichen.
- Das ausgewickelte Filet in papierdünne Scheiben schneiden und auf den Tellern schuppenartig im Kreis anrichten.
- Mit den dünn geschnittenen Champignons, den geschälten, gerösteten Hanfsamen und grob geraspeltem Parmesankäse bestreuen. Mit frisch gemahlenem Pfeffer bestreuen und mit dem restlichen Hanföl beträufeln.
- Jeder kann das Carpaccio nach Belieben mit etwas bereitgestelltem Zitronensaft und Salz würzen.

Tipp:
Wichtig: das Carpaccio erst kurz vor dem Essen anrichten, denn das Fleisch soll kalt und die Champignons nicht verfärbt sein.
Superdünne Fleischscheiben erhalten Sie, wenn sie auf der Aufschnittmaschine geschnitten werden. Wer keine Aufschnittmaschine hat, muß das Fleisch sehr dünn mit dem Messer schneiden; danach die Scheiben zwischen Klarsichtfolie legen und das Fleisch vorsigtig dünner klopfen.

Vorspeisen und Snacks

Lachs-Carpaccio mit Hanf-Zitronen-Dressing und Lachskaviar

- Das Lachsfilet in Frischhaltefolie wickeln und 45 Minuten an-, jedoch nicht durchfrieren lassen.
- Das Rapsöl und 3 EL Hanföl mit Zitronensaft und Pfeffer mischen. 4 Teller mit dem Ölgemisch einstreichen.
- Das Filet in hauchdünne Scheiben schneiden und schuppenartig im Kreis auf Tellern anrichten.
- Den Lachskaviar und die gehackten Rucolablätter darauf verteilen. Mit Hanfkörnern bestreuen, mit restlichem Hanföl beträufeln und mit dünnen Brotscheiben servieren.

500 g frisches Lachsfilet
1 EL Rapsöl
4 EL Hanföl
5 EL Zitronensaft
weißer Pfeffer, grob geschrotet
2 EL geröstete Hanfkörner, grob geschrotet
50 g Lachskaviar
einige Rucolablätter
6–8 Stiele frischer Koriander

Rezepte

2 Scheiben Weißbrot
etwas Milch zum Einweichen
1 mittelgroße Zwiebel
1 Knoblauchzehe
50 g geröstete Hanfsamen,
geschrotet
4 EL Rapsöl
500 g Kalbfleischhack
1 Bund glatte Petersilie
1 Ei (Gew. Kl. M)
Vollmeersalz
weißer Pfeffer, frisch gemahlen
edelsüßer Paprika

Kalbfleisch-Hanf-Frikadellen

- Das Weißbrot mit Rinde in Milch einweichen. Dann ausdrücken und fein zerkrümeln.
- Zwiebel und Knoblauchzehe schälen und fein schneiden. In 2 EL Rapsöl glasig dünsten. Leicht abkühlen lassen. Die Hanfsamen untermischen.
- Das Hackfleisch mit der Zwiebel-Hanfsamen-Mischung, dem zerkrümelten Weißbrot, der gehackten Petersilie und dem Ei in einer Schüssel zu einem geschmeidigen Teig verkneten. Mit Salz, Pfeffer und Paprika pikant abschmecken.
- Aus dem Fleischteig acht Frikadellen formen und im restlichen Rapsöl in einer beschichteten Pfanne knusprig braten.

Tipp:
Mit dünn geschnittenen Tomatenscheiben, mit Hanföl beträufelt und mit gerösteten und geschroteten Hanfsamen bestreut, servieren.

Vorspeisen und Snacks

Hanf-Buletten vegetarisch

🌿 Die geschroteten Hanfkörner mit allen anderen Zutaten in einer Schüssel zu einem geschmeidigen Teig mischen, handtellergroße Bratlinge formen und in verrührtem Eigelb, Mehl und schließlich in Semmelbröseln wenden.

🌿 Das Butterschmalz in einer Pfanne erhitzen und darin die Bratlinge von jeder Seite goldgelb ausbacken.

Tipp:
Als Beilage Raukesalat mit Parmesan und gerösteten Hanfsamen (Seite 53) und Backblechkartoffeln mit gerösteten Hanfsamen (Seite 34) reichen.

Variante:
100 g Getreide-Hanf-Bratlinge mit Kräutern (Fertigprodukt), 50 ml Wasser und 1 Ei (Gew. Kl. M) in einer Schüssel vermischen. 10 Minuten stehen lassen. Aus dem Teig 4 Frikadellen formen, in heißem Butterschmalz von jeder Seite 3 Minuten braten. Diese können dann auch, wie im Rezept, paniert werden. Die Frikadellen schmecken warm und kalt gleich gut.

120 g geröstete Hanfsamen, geschrotet
70 g zarte Haferflocken
100 g Semmelbrösel
2 EL Hanfmehl
1 Zwiebel
1 Ei (Gew. Kl. M)
Meersalz
weißer Pfeffer, frisch gemahlen
$1/2$ TL Senf, mittelscharf
1 Prise Curry

Zum Panieren:
1 Ei (Gew. Kl. M)
etwas Weizenmehl
2–3 EL Semmelbrösel

Zum Braten:
Butterschmalz

Rezepte

1,2 kg neue Kartoffeln
1 EL Sesamsaat
2 EL Hanfsamen, geschrotet
1 TL Salz
1 EL Pflanzenöl (z. B. Rapsöl)

Für die Kräutersauce:
je 1/2 Bund frische
Gartenkräuter (Petersilie,
Schnittlauch, Dill,
Kerbel, Estragon, Sauerampfer,
Pimpernelle)
600 g Speisequark
(20 % Fett i. Tr.)
180 ml Milch
2 TL Hanföl
Salz

Außerdem:
Backpapier
1 TL Hanföl
1 TL Hanfsamen, geschrotet

Backblechkartoffeln mit gerösteten Hanfsamen und Hanf-Quark-Sauce

- Die Kartoffeln gründlich waschen, eventuell abbürsten, dann längs halbieren. Ein Backblech mit Backpapier auslegen.
- Den Backofen auf 200 °C (Umluft 180 °C, Gas Stufe 3) vorheizen.
- Die Sesamsaat, 1 EL Hanfschrot und Salz mischen. Die Kartoffeln auf der Schnittfläche mit wenig Rapsöl bestreichen und in die Gewürzmischung drücken. Mit der bestreuten Fläche nach unten auf das Backblech setzen. Obenauf mit dem restlichen Öl beträufeln.
- In den vorgeheizten Backofen, mittlere Schiene, schieben und etwa 35 Minuten backen.
- Für die Sauce die Kräuter abbrausen, trockenschwenken und fein schneiden. Quark erst mit der Hälfte der Milch, dann mit Hanföl, Salz und den Kräutern verrühren. Nach Bedarf restliche Milch einrühren.
- Vor dem Anrichten die Kartoffeln mit Hanföl beträufeln und mit restlichem Hanfschrot bestreuen.
- Die Sauce zu den Kartoffeln reichen.

Beilage:
Gemischter Salat, Vollkornbrot mit Butter.

Tipp:
Die Kartoffeln auf der Schnittfläche mehrmals einschneiden. Das verkürzt die Backzeit.
Außerdem dringen die Gewürze besser ein.

Vorspeisen und Snacks

Hanf-Crêpes mit Gemüsefüllung

- Eier, Eigelb, Salz, Milch, Weizen- und Hanfmehl in einer Schüssel zu einem glatten Teig verrühren, die flüssige Butter unterrühren und 45 Minuten ruhen lassen.

- In einer beschichteten Pfanne (Durchmesser 16 cm) wenig Butterschmalz erhitzen, mit einer kleinen Schöpfkelle etwas Teig hineingeben. Durch Drehbewegungen den Teig in der Pfanne gleichmäßig verteilen und beidseitig goldbraun braten; entweder mit einer Palette oder mit gekonntem Schwung wenden.

- Auf diese Art alle Crêpes backen. Jeweils die gebackenen Crêpes auf einen großen Teller legen, mit einem zweiten abdecken. Im Backofen warm halten.

- Für die Füllung das Gemüse putzen, waschen, trockentupfen. Die Möhre und den Lauch in sehr feine Streifen, die Champignons in dünne Scheiben und die Schalotten in kleine Würfel schneiden.

- Das Rapsöl in einem Topf erhitzen, das Gemüse darin unter Wenden anbraten. Mit Meersalz und Pfeffer würzen. Das Hanföl, geschrotete Hanfsamen und Pinienkerne unterheben.

- Die Hanf-Crêpes mit dem Gemüse füllen. Sofort servieren.

Tipps:

Die Crêpes werden lockerer, wenn man die Milch zur Hälfte durch Mineralwasser ersetzt.

Wer mag, kann die gefüllten Crêpes mit geriebe-

Für 8 Stück:
2 Eier
1 Eigelb (Gew. Kl. M)
1 Prise Vollmeersalz
$1/4$ l Milch
55 g Weizenmehl
15 g Hanfmehl
2 EL flüssige Butter
Butterschmalz zum Braten

Für die Füllung:
2 Möhren
1 kleine Stange Lauch
200 g Champignons
2 Schalotten
je 1 EL Raps- und Hanföl
Meersalz
weißer Pfeffer, frisch gemahlen
2 EL Hanfsamen, geschrotet
1 EL Pinienkerne

Rezepte

nem Schafskäse bestreuen und im Backofen etwa 10 Minuten bei 220 °C (Umluft 170 °C, Gas Stufe 4) überbacken.

Die Crêpes können wahlweise auch süß mit Ahornsirup serviert werden.

4 küchenfertige Wachteln
von je 200 g
Meersalz
weißer Pfeffer, frisch gemahlen
3 EL Rapsöl
50 g Rosinen
40 g Pinienkerne
3 EL geschälte Hanfsamen,
geröstet
1 Zweig Rosmarin
1–2 TL Ahornsirup

Hanfige Wachtelspieße

✿ Von den Wachteln die Brüste mit einem scharfen Messer am Brustbein entlang mit den Keulen zusammenhängend auslösen. Je eine Brust mit Keule auf einen Holzspieß stecken. Das Fleisch rundherum mit Salz und Pfeffer würzen.

✿ Das Öl in einem kleinen Bräter erhitzen. Die Wachtelspieße zuerst auf der Fleischseite, dann auf der Hautseite anbraten. Rosinen, Pinienkerne, Hanfsamen und Rosmarinnadeln zufügen. Den Bräter in den vorgeheizten Backofen, 2. Schiene von unten schieben. Die Wachteln bei 180 °C (Umluft 160 °C, Gas Stufe 2–3) etwa 12 Minuten braten.

✿ Den Bräter herausnehmen, den Ahornsirup und das Hanföl über das Fleisch gießen.

Tipp:
Baguette-Scheiben und einen trockenen Weißwein aus der Pfalz dazu servieren.

Vorspeisen und Snacks

Spinat mit Hanf-Zitronen-Sauce

- Den Spinat putzen, waschen und abtropfen lassen. Die Knoblauchzehe schälen und zerdrücken.
- Für die Vinaigrette Hanföl, 2 EL Hanfsamen, Zitronensaft, Salz, Pfeffer und 1 Prise Zucker verrühren. Die abgetropften Kapern zugeben.
- Das Butterschmalz in einem Topf erhitzen. Den Knoblauch darin weich dünsten. Den Spinat zufügen und unter Wenden zusammenfallen lassen. Mit Muskatnuß würzen. Dann die Pizzatomaten und etwa $1/2$ EL geröstete Hanfkörner unterheben. Mit Salz und Pfeffer würzen.
- Den Spinat auf Tellern anrichten, den Schinken dekorativ dazulegen und die Vinaigrette mit auf den Tisch stellen. Die restlichen gerösteten Hanfkörner darüberstreuen.

Tipp:
Geröstete, diagonal aufgeschnittene Toastbrotscheiben dazu reichen.

750 g Blattspinat
1 Knoblauchzehe
60 ml Hanföl
2 EL Zitronensaft
Vollmeersalz
weißer Pfeffer, frisch gemahlen
1 Prise Zucker
100 g Kapern
3 EL geröstete Hanfkörner, geschrotet
30 g Butterschmalz
1 Prise geriebene Muskatnuß
120 g Pizzatomaten (aus der Dose)
70 g luftgetrockneter Schinken (z. B. Parmaschinken)

37

Rezepte

90 g Weizenmehl
30 g Hanfmehl
je 0,1 l Milch und Wasser
1 Prise Vollmeersalz
3 Eier (Gew. Kl. M)
je 350 g Lauch und
Räucherlachs in Scheiben
1 EL Rapsöl
1 EL geröstete Hanfsamen,
geschrotet
weißer Pfeffer, frisch gemahlen
4 EL Butterschmalz
100 g Crème fraîche

Hanfige Mini-Pfannkuchen

- Weizen- und Hanfmehl, Milch, Wasser, Salz und Eier zu einem Teig verrühren, 30 Minuten ruhen lassen.

- Inzwischen den Lauch putzen, waschen, längs halbieren und in 5 cm lange, dünne Streifchen schneiden. In kochendes Salzwasser geben und darin 2 Minuten ziehen lassen. Anschließend eiskalt abschrecken. Gut trockentupfen.

- Etwas Rapsöl in einem Topf erhitzen, die Lauchstreifen darin unter Wenden anschwitzen, mit Pfeffer würzen. Warm stellen. Die Räucherlachsscheiben in 16 Portionen teilen.

- In einer kleinen Pfanne (16 cm Durchmesser) etwas Butterschmalz erhitzen. Den Teig darin portionsweise mit einer Schöpfkelle hineingeben und nacheinander 16 kleine Pfannkuchen beidseitig goldgelb backen. Herausnehmen und warm stellen.

- Die Pfannkuchen mit Crème fraîche bestreichen, geröstete Hanfsamen darüberstreuen, die Lachsscheiben mit dem Lauch darauf anrichten. Die Pfannkuchen leicht überklappen und mit Holzspießchen zusammenstecken. Sofort servieren.

Tipp:
Bevor der Teig in die Pfanne kommt, muß er stets umgerührt werden, denn das Hanfmehl setzt sich leicht ab. Auch während des Backens verteilt sich das Hanfmehl im Pfannkuchen ungleichmäßig. Das bedeutet aber keinen Geschmacksverlust

Salate

Gelb-grüner Zucchinisalat mit Hanf-Basilikumsauce

* Die Zucchini putzen, waschen, Spitzen und Stengelansätze entfernen. Die Zucchini in sehr dünne Scheiben schneiden.
* Die Basilikumblätter abbrausen und trockenschwenken. Sehr große Blätter eventuell halbieren. Zusammen mit den Zucchinischeiben in eine Schüssel geben.
* Zitronensaft, Senf, Salz, Zucker und Pfeffer verrühren. Das Pflanzen- und Hanföl einrühren.
* Die Salatsauce zum Servieren unter die Zucchini-Basilikum-Mischung heben. Mit Hanfsamen bestreuen und sofort anrichten.

Tipp:
Mehrkornbrot mit gesalzener Butter als Beilage servieren. Statt der geschälten Hanfkörner können auch geröstete, mehr oder weniger geschrotete Hanfkörner über den Salat gestreut werden.

Variante:
In Stifte geschnittene Radieschen und zarte Spinatblätter machen den Salat dekorativer und noch schmackhafter.

500 g gelbe und grüne Zucchini
3 Bund Basilikum
2 EL Zitronensaft
2 TL Senf, mittelscharf
Vollmeersalz
weißer Pfeffer, frisch gemahlen
1 Prise Zucker
2 EL Pflanzenöl (z. B. Rapsöl)
3 EL Hanföl
3 EL Hanfsamen, geschält

Rezepte

4 getrocknete Mu-err-Pilze
250 g Mittelkornreis
(z. B. Vialone)
$^1/_2$ l Hühnerbrühe
3 cl Sherry, medium
5 EL Sojasauce
500 g Zucchini
Vollmeersalz
200 g Tiefseegarnelenfleisch
3 EL Hanfkörner, geschält
4 EL Hühnerbrühe
2 EL Sesamöl
1 EL Hanföl
1 TL Zucker

Reis-Zucchini-Salat mit Tiefsee-garnelen und Sesam-Hanf-Sauce

☘ Die getrockneten Pilze mit dem kochenden Wasser überbrühen und etwa 30 Minuten quellen lassen.

☘ Den Reis in einer Mischung aus Hühnerbrühe, jeweils 1 EL Sherry und Sojasauce in einem Topf aufkochen. Etwa 10 Minuten zugedeckt köcheln und 20 Minuten ausquellen lassen.

☘ Inzwischen die Zucchini waschen, die Spitzen und Stengelansätze entfernen und die Zucchini in kleine Würfel schneiden.

☘ Die gequollenen Pilze in kleine Stücke zerteilen und in $^1/_4$ l Salzwasser etwa 30 Minuten im geschlossenen Topf garen. 2 Minuten vor Ende der Garzeit die Zucchiniwürfel mitgaren.

☘ Das Gemüse gut abtropfen lassen und mit Reis, Garnelen und den geschälten Hanfkörnern in einer Schüssel mischen.

☘ Die Hühnerbrühe, restliche 4 EL Sojasauce, übrigen Sherry, das Sesam- und Hanföl sowie den Zucker verrühren und unter die Salatzutaten mischen.

☘ Den Salat etwa 30 Minuten durchziehen lassen, zwischendurch nochmals umrühren.

Beilage:
Hauchdünnes Vollkornknäckebrot oder türkisches Fladenbrot und ein gemischter grüner Salat in einer Essig-Hanföl-Sauce.

Salate

Variante:
Für diesen Salat können Sie auch roten Naturreis, der aus der Carmargue kommt, verwenden. Diesen Reis bekommen Sie in Bio-Läden. Seine Kochzeit beträgt 20 Minuten; danach muß er noch 30 Minuten ausquellen.

Eisberg-Champignon-Salat mit Hanf-Sesam-Dressing

1 mittelgroßer Eisbergsalat (450 g)
150 g Staudensellerie
2 Möhren
100 g Rosé-Champignons bzw. Egerlinge
3 EL Weißweinessig
1 EL Wasser
1 TL mittelscharfer Senf
1 Prise brauner Zucker oder $^1/_2$ TL Honig
2 EL Pflanzenöl (z. B. Maiskeimöl)
1 EL Hanföl, kalt gepreßt
2 EL Sesamsamen
2 EL geschälte Hanfsamen

- ✳ Den Eisbergsalat putzen, die Blätter abtrennen, abbrausen, trockentupfen, dicke Rippen eventuell entfernen, die Blätter in etwa 1 cm breite Streifen schneiden.
- ✳ Staudensellerie und Möhren putzen, waschen. Staudensellerie in dünne Scheiben schneiden, Möhren grob raspeln, die geputzten Champignons blättrig schneiden.
- ✳ Aus Essig, Wasser, Senf, Zucker oder Honig, Salz, Pflanzen- und Hanföl eine Marinade rühren und über die Zutaten gießen. Vorsichtig mischen.
- ✳ Die Sesam- und Hanfsamen in einer Pfanne ohne Fett unter Wenden nur kurz rösten und über den Salat streuen.

Tipp:
Die Sesam- und Hanfsamen können auch im vorgeheizten Backofen, in einem flachen Schälchen, bei 180 °C 2–3 Minuten zusammen rehbraun geröstet werden.

41

Rezepte

100 g Bulgur (vorbehandelte
Hartweizengrütze*)
100 ml kochend heißes Wasser
2–3 EL geröstete Hanfsamen,
geschrotet
2 EL weißer Balsam-Essig**
Vollmeersalz
weißer Pfeffer, frisch gemahlen
2 Tomaten
1 kleine rote Zwiebel
1 Zucchino (250 g)
1 mittelgroße Möhre
1 rote Chilischote
1 Bund Petersilie
1 TL edelsüßer Paprika
1 EL Maiskeimöl
2 EL Hanföl
3 EL geröstete Hanfsamen,
geschrotet

Bulgur-Hanf-Salat mit Gemüse

- Den Bulgur in einer Schüssel mit dem Wasser übergießen und zugedeckt 15 Minuten quellen lassen.
- Danach die Hanfsamen unterheben und mit Balsam-Essig, Salz und Pfeffer würzen.
- Inzwischen die Tomaten überbrühen, häuten, achteln. Dabei die Stengelansätze entfernen.
- Die Zwiebel schälen und in sehr dünne Ringe schneiden. Die Chilischote längs halbieren, Stiel und Kerne entfernen, dann die Schotenhälften sehr fein schneiden.
- Die Petersilie abbrausen, trockenschwenken, die Blätter fein hacken. Zucchini und Möhre putzen, waschen. Von den Zucchini die Spitze und Stengelansätze entfernen. Die Zucchini erst halbieren oder vierteln, dann würfeln. Die Möhre grob raspeln.
- Zucchiniwürfel, Zwiebelringe, die fein geschnittene Chilischote, die Petersilie und die Tomatenachtel vorsichtig mischen. Den Bulgur unterheben. Nochmals mit Salz und Pfeffer kräftig abschmecken. 30 Minuten kühl stellen.

Tipp:
Einen Feldsalat mit blättrig geschnittenen Champignons in einer Essig-Hanföl-Marinade dazu servieren.

Variante:
Diesen Salat können Sie auch warm servieren. Dazu Zwiebelwürfelchen in etwas Brühe andünsten, Zucchiniwürfel und Möhrenraspel zugege-

Salate

ben und mit den restlichen Zutaten und dem gegarten Bulgur mischen.

Info:
* Bulgur ist vorgekochter, geschälter, getrockneter und geschroteter Hartweizen. Im Vergleich zu Couscous wird Bulgur gröber gemahlen und ist noch als zerbrochenes Weizenkorn (Grütze) erkennbar.
** Weißer Balsam-Essig wird aus Traubenmost und Weißwein hergestellt und ist köstlich mild, aber dennoch von kräftigem Aroma. Es gibt ihn inzwischen in gut sortierten Supermärkten.

Rezepte

750 g Kartoffeln (vorwiegend festkochende Sorte)
Meersalz
75 g Rauke (Rucola)
150 g Mozzarella
1 rote Zwiebel
1 Knoblauchzehe
1/4 l kalte Gemüsebrühe
frisch gemahlener weißer Pfeffer
1–2 EL Essig
(z. B. Aceto Balsamico)
1 EL Maiskeimöl
2 EL Hanföl, kalt gepreßt

Kartoffel-Mozzarella-Salat mit Rauke und Hanfsauce

🌿 Die Kartoffeln in der Schale in einem Topf mit leicht gesalzenem Wasser garen.

🌿 Die Raukeblätter abbrausen, trockenschleudern, dicke Rippen entfernen, größere Blätter eventuell halbieren.

🌿 Den Mozzarella in Scheiben schneiden. Die Zwiebel und Knoblauchzehe schälen. Die Zwiebel sehr fein würfeln. Die Knoblauchzehe durchpressen. Beides mit der Gemüsebrühe, Pfeffer, Essig, Maiskeim- und Hanföl verrühren.

🌿 Die Kartoffeln abgießen, vorsichtig trockendämpfen und lauwarm pellen. Zwei Kartoffeln noch heiß mit der Gabel oder dem Pürierstab zerkleinern und mit der Salatsauce verrühren. Restliche Kartoffeln in feine Scheiben schneiden und warm stellen.

🌿 Die Kartoffel- und Käsescheiben auf einem großen Teller abwechselnd schuppenartig anrichten. Die Raukenblätter unregelmäßig darüber verteilen. Mit der Salatsauce begießen und lauwarm anrichten.

Tipps:
Hauchdünn geschnittene Mortadellascheiben und Baguette als Beilage reichen.
Statt Rauke können es auch andere würzigscharfe oder zartbitter schmeckende Blattsalatsorten wie Löwenzahn, Brunnenkresse, Radicchio oder Portulak sein. Auch Chicorée eignet sich gut.

Salate

Wildreis-Kürbis-Salat mit gerösteten Hanfsamen

🌿 Den Wildreis gründlich waschen und in die kochende Gemüsebrühe geben. 5 Minuten sprudelnd kochen, die Hitze verringern und den Reis zugedeckt auf kleiner Flamme etwa 40 bis 45 Minuten garen. Die Brühe sollte dann aufgesogen sein.

🌿 Inzwischen das Kürbisfleisch entkernen, schälen und würfeln. Den Apfel waschen, vierteln, das Kerngehäuse entfernen, die Apfelstücke in dünne, feine Streifen schneiden.

🌿 Die Frühlingszwiebel putzen, abspülen, trockentupfen und in feine Ringe schneiden. Alles mit dem abgekühlten Wildreis mischen. Die Hanfsamen darüberstreuen.

🌿 Für die Salatsauce Zitronensaft, Senf, Ingwerpulver, Hanf- und Maiskeimöl verrühren. Vorsichtig unter die Zutaten mischen.

Tipps:
Als Beilage eignen sich gebratene Tiefseegarnelen, gebeizter Graved Lachs oder mit weißem Balsam-Essig, Maiskeim- und Hanföl marinierte Mozzarellascheiben.
Wenn Sie einen festfleischigen Winterkürbis verwenden, sollten Sie das Fruchtfleisch einige Minuten in Salzwasser blanchieren.

Variante:
Statt Apfel können Sie auch 1 kleine Papaya nehmen. Dazu die Papaya schälen, Kerne entfernen, und das Fruchtfleisch würfeln.

100 g Wildreis
$3/8$ l Gemüsebrühe
400 g ausgelöstes Fruchtfleisch von einem Sommerkürbis (siehe Variante)
1 großer Apfel
1 Frühlingszwiebel
4 EL geröstete Hanfsamen, geschrotet

Für die Salatsauce:
3 EL Zitronensaft
$1/2$–1 TL Senf, mittelscharf
1 Msp Ingwerpulver
2 EL Hanföl, kalt gepreßt
3 EL Pflanzenöl
(z. B. Maiskeimöl)

45

Rezepte

600 g mittelgroße Zucchini
250 g mittelgroße Tomaten
Vollmeersalz, Pfeffer
$^1/_4$ l Wasser
2–3 Knoblauchzehen
1 TL Piment
$^1/_2$ TL Kreuzkümmel (Cumin),
gemahlen
2 EL Zitronensaft
3 EL Pflanzenöl
2 EL Hanföl
1 Bund Petersilie, gehackt
2 EL geröstete Hanfsamen,
grob geschrotet

Zucchini-Tomaten-Salat mit Hanfsauce

- Die Zucchini waschen und in 2 cm große Würfel schneiden. Inzwischen die Tomaten kreuzweise einritzen, überbrühen, häuten, achteln und in Streifen schneiden.
- Die Zucchini in einem Topf mit dem gesalzenen Wasser zugedeckt etwa 3 Minuten weich dünsten.
- Eventuell vorhandene Flüssigkeit abgießen. Die Tomatenstücke zu den Zucchini geben, mit Kreuzkümmel und Zitronensaft würzen, nur kurz im Topf schwenken und abkühlen lassen.
- Für die Salatsauce die Knoblauchzehen schälen, zerdrükken und mit Piment, Kreuzkümmel, Zitronensaft, Salz, Pfeffer, Pflanzen- und Hanföl verrühren.
- Die Sauce über die abgekühlten Zucchini und Tomaten gießen. Vorsichtig mischen. Mit gehackter Petersilie und Hanfsamen bestreut anrichten.

Tipp:
Türkisches Fladenbrot als Beilage reichen. Statt Petersilie schmeckt auch frischer, gehackter Koriander sehr gut.

Salate

Zucchinisalat mit Hanf-Mandelsauce

❋ Die Zucchini waschen, Spitzen und Stengel-ansätze entfernen und die Zucchini in 1 cm dicke Scheiben schneiden.

❋ Wasser, Zitronensaft und Salz in einem Topf erhitzen, die Zucchinischeiben darin 3 Mi-nuten blanchieren. Dann herausnehmen und gut abgetropft auf eine Platte legen. Mit wenig Salz und Pfeffer bestreuen und abkühlen lassen.

❋ Für die Hanf-Mandelsauce die Knoblauch-zehen schälen, die Weißbrotscheiben entrin-den und die Scheiben klein würfeln. Beides zusammen mit Essig, dem Mais- und Hanföl sowie dem Eigelb mit dem Mixstab pürieren. Mandeln und Hanfsamen unterheben. Mit Salz, Pfeffer und Zucker würzen.

❋ Den Koriander abbrausen, trockenschwen-ken, fein schneiden und in die Sauce rühren.

❋ Die Zucchinischeiben mit der Hanf-Man-delsauce und frischem Baguette anrichten.

Tipp:
Statt Weißbrot schmeckt auch Hanf-Hefebrot (siehe Seite 122) ausgezeichnet.

600 g kleine Zucchini
1 l Wasser
Vollmeersalz
4 Knoblauchzehen
2 Scheiben Weißbrot
3 EL Weißwein-Essig
je 3 EL Pflanzenöl und Hanföl,
kalt gepreßt
1 Eigelb (Gew. Kl. M)
3 EL Mandeln, gemahlen
4 EL Hanfsamen, geschält
1 Bund Koriander
Salz
schwarzer Pfeffer, frisch
gemahlen
1 Prise Zucker

47

Rezepte

2 Knoblauchzehen
1 rote Chilischote
je 100 g braune Tellerlinsen
und rote Linsen
gut $^1/_2$ l Gemüsebrühe
(Instant)
3 dünne Lauchzwiebeln
4 EL geschälte Hanfsamen,
geröstet
250 g Cocktailtomaten
(Kirschtomaten)
4 Scheiben Vollkornbrot
(je 25 g)
3–4 EL Butterschmalz
1 kleiner Eisberg- oder Frisée-
Salat
3–4 Stiele glatte Petersilie

Für die Salatsauce:
6 EL Rotwein-Essig
3 EL Wasser
Meersalz
etwas Zucker
1 EL Pflanzenöl
(z. B. Maiskeimöl)
2 EL Hanföl

Lauwarmer Linsen-Hanf-Salat

- Die Linsen am Tag zuvor getrennt einweichen.
- Am nächsten Tag die Knoblauchzehen schälen. Die Chilischote halbieren, die Kerne und den Stengelansatz entfernen.
- Von den Linsen das Wasser abgießen. Die Linsen getrennt waschen und abtropfen lassen. Die roten Linsen in der Hälfte der Gemüsebrühe etwa 8 Minuten, die braunen Linsen in restlicher Brühe mit der geschälten Knoblauchzehe und der entkernten Chilischote etwa 30 Minuten zugedeckt bißfest garen. Knoblauchzehe und Chilischote entfernen.
- Inzwischen die Lauchzwiebeln putzen, waschen und in feine Ringe schneiden. Die beiden Linsensorten mit 2 EL geschälten Hanfsamen und den Lauchzwiebeln mischen.
- Die Tomaten abbrausen, trockentupfen, eventuell halbieren oder vierteln. Die Stengelansätze entfernen.
- Für die Salatsauce Essig, Wasser, Meersalz, Honig und Pfeffer verrühren. 1 EL Hanfsamen einrühren.
- Die Brotscheiben würfeln. Restliche Knoblauchzehe zerdrücken oder fein hacken.
- Butterschmalz erhitzen, den Knoblauch darin glasig dünsten. Im Bratfett die Brotwürfel unter Wenden anrösten. Mit der gebratenen Knoblauchzehe mischen.
- Eisberg- oder Frisée-Salat putzen, waschen, trockenschwenken und in grobe Streifen schneiden.
- Vier Teller mit dem Salat auslegen, Linsen-

Salate

mischung und Tomatenstücke darüber verteilen und mit den restlichen Hanfsamen und den Brotwürfelchen bestreuen. Den Salat mit Petersilienblättern lauwarm anrichten.

Zuckerschoten-Melonen-Salat mit Hanfsamen und Mandeln

✳ Die Zuckerschoten waschen, die Enden jeweils abschneiden, dabei, falls nötig, entfädeln. In kochendem Salzwasser etwa 3 Minuten blanchieren, dann herausnehmen und in einer mit kaltem Wasser und Eiswürfeln gefüllten Schüssel abschrecken.

✳ Die Melonenhälfte entkernen, längs dritteln und das Fruchtfleisch aus der Schale lösen. Die Stücke in feine Streifen schneiden. Die abgekühlten Zuckerschoten und die Melonenscheiben auf einer großen Platte oder auf 4 Tellern hübsch anrichten.

✳ Für die Salatsauce Essig, Salz, Pfeffer, Pflanzen- und Hanföl verrühren und über die Salatzutaten träufeln.

✳ Die Mandeln spülen, trockentupfen und mit der Schale in dünne Scheibchen schneiden.

✳ Den Kerbel abbrausen, trockenschwenken und die Blättchen von den Stielen zupfen. Den Salat mit Hanfsamen, Mandeln und Kerbelblättchen bestreut anrichten.

Beilage: Knuspriges Baguette oder Knäckebrot.

400 g frische Zuckerschoten
1/2 Zuckermelone
(z. B. Charentais)

Für die Salatsauce:
2–3 EL Obstessig
(z. B. Himbeeressig)
Meersalz
weißer Pfeffer, frisch gemahlen
1 EL Pflanzenöl
3 EL Hanföl, kalt gepreßt
30 g ungeschälte Mandeln
2 EL geröstete Hanfsamen, geschrotet
1/2 Bund Kerbel

49

Rezepte

80 g Bulgur (siehe Seite 43)
100 ml heißes Wasser
Meersalz
3 EL geschälte Hanfsamen
250 g Möhren
2 Schalotten
5 Bund glatte Petersilie

Für die Sauce:
4–6 EL Zitronensaft
frisch gemahlener weißer
Pfeffer
2 EL Pflanzenöl
(z. B. Maiskeimöl)
3 TL Hanföl

Zum Garnieren:
4 kleine Kirschtomaten
4 große Salatblätter
3 EL geröstete Hanfsamen,
geschrotet

Petersilien-Hanf-Salat mit Möhren

- Bulgur in leicht gesalzenem heißem Wasser mindestens 60 Minuten quellen lassen, danach die Hanfsamen unterheben.
- Möhren und Schalotten schälen. Die Möhren grob raspeln, die Schalotten fein hacken. Die Petersilie abbrausen, trockenschwenken und fein hacken.
- Zitronensaft, Salz, Pfeffer, Pflanzen- und Hanföl verrühren. Die Salatsauce mit dem gequollenen Bulgur, 2 EL gerösteten Hanfsamen, Möhren, Zwiebeln und Petersilie mischen.
- Die Kirschtomaten abspülen, trockentupfen, eventuell halbieren. Die Salatblätter abbrausen und trockenschwenken.
- Den Petersiliensalat jeweils auf einem Salatblatt anrichten und mit den Tomatenstücken garnieren. Mit den restlichen gerösteten und geschroteten Hanfsamen bestreut anrichten. Knuspriges Baguette oder frisches Landbrot dazu reichen.

Salate

Endiviensalat mit sahniger Apfel-Hanfsamen-Sauce

☘ Für die Sauce die Äpfel waschen, trockentupfen. Mitsamt der Schale um das Kerngehäuse herum abreiben und mit dem Zitronensaft mischen. Frische Meerrettichwurzel putzen, waschen, schaben und sehr fein über die Äpfel reiben.

☘ Die Hanfsamen im Mörser zerreiben und mit der Apfel- und Meerrettichmasse verschlagen.

☘ Die Schlagsahne mit der fettarmen Milch verrühren und unter die Apfel-Meerrettich-Mischung heben.

☘ Vom Endiviensalat das Strunkende abschneiden, welke Blätter entfernen. Die Blätter von der Staude trennen, abbrausen, trockenschleudern und in schmale Streifen schneiden.

☘ Die Kräuter abbrausen, trockenschwenken und fein hacken. Die Hanfsamen mit den Kräutern mischen und unter den Salat heben. Die Apfel-Meerrettichsahne darüberziehen.

Tipp:
Als Beilage frisches Stangenweißbrot oder Haferbrot reichen.

Variation:
Der Endiviensalat kann durch Eisberg- oder andere Salatsorten ersetzt werden.

Für die Sauce:
2 säuerliche Äpfel
2 TL Zitronensaft
1 TL geriebener Meerrettich
(ungeschwefelt, aus dem
Reformhaus)
3 EL Hanfsamen, geschält
200 ml Schlagsahne
4 EL fettarme Milch

Für den Salat:
1 Endiviensalat (ca. 400 g)
2 EL geröstete Hanfsamen,
geschrotet
je 3 Stiele Zitronenmelisse,
Pimpernelle und Liebstöckel

Rezepte

*1 Kopf krauser Friséesalat
(wahlweise auch Romana oder
grüner Eichblattsalat)
300 g Erdbeeren
200 g Putenleber
1 EL Butterschmalz
schwarzer Pfeffer, frisch
gemahlen
Meersalz*

*Für die Salatsauce:
1 Bund Estragon
2 EL Aceto Balsamico
3 EL Wasser
weißer Pfeffer, frisch gemahlen
1 EL Pflanzenöl
(z. B. Rapsöl)
2 TL Hanföl
3 TL geröstete Hanfsamen,
geschrotet*

Erdbeer-Frisée-Salat mit Putenleber und knusprigen Hanfsamen

- Vom Friséesalat die äußeren Blätter entfernen, die übrigen Blätter vom Strunk lösen. Salatblätter abbrausen, trockenschleudern und in mundgerechte Stücke zupfen.
- Die Erdbeeren abbrausen, trockentupfen, die Blütenansätze entfernen. Die Früchte halbieren oder vierteln.
- Die Putenleber in die natürlichen Hälften teilen und häuten. Die Leber trockentupfen.
- Das Butterschmalz in einer beschichteten Pfanne erhitzen, die Putenleber darin unter Wenden kurz anbraten, dann mit Pfeffer und wenig Salz würzen. Putenleber rausnehmen, warm halten; Bratfond beiseite stellen.
- Für die Salatsauce den Estragon abbrausen, trockenschleudern, die Blättchen abzupfen und eventuell grob schneiden. Essig, Wasser, Meersalz, Pfeffer, Pflanzen- und Hanföl verrühren, die Estragonblättchen zufügen.
- Die Salatblätter auf 4 Tellern anrichten; die Putenleber vierteln und mit den Erdbeeren darauf verteilen. Den Bratfond in die Salatsauce rühren und über den Salat träufeln. Mit Hanfsamen bestreut anrichten.

Beilage: Baguettescheiben.

Tipps:
Wer es pikanter mag, rührt in die Salatsauce noch $1/2$ TL mittelscharfen Senf.
Statt des Aceto Balsamico kann auch mit Himbeer- oder Estragon-Essig gewürzt werden.

Salate

Raukesalat mit Parmesan und gerösteten Hanfsamen

- Die Raukeblätter kurz abbrausen und trockenschwenken. Dickere Stengel entfernen, größere Blätter halbieren.
- Den Honig, wenig Salz, etwas Pfeffer, Balsam-Essig, Hanf- und Nußöl verrühren.
- Die Raukeblätter mit der Salatsauce locker mischen. Vor dem Servieren den Parmesan über den Salat hobeln. Mit den Nüssen sowie den Hanfsamen bestreuen und knuspriges Baguette mit gesalzener Butter dazu reichen.

Tipps:
Die Salatsauce immer gut abschmecken. Nachträgliches Würzen macht den Salat durch zusätzliches Umrühren leicht unansehnlich.
Auch ein anderer Honig, wie beispielsweise Heideblütenhonig, eignet sich gut.

200 g Raukeblätter (Rucola)

Für die Salatsauce:
2 TL Honig (z. B. Tannenhonig)
1 Prise Meersalz
weißer Pfeffer, frisch gemahlen
1–2 EL weißer Balsam-Essig
2 EL Pflanzenöl
1 EL Hanföl

Außerdem:
75 g Parmesankäse
1 EL Walnußkerne, grob gehackt
2 TL geschälte Hanfsamen, geröstet

Rezepte

*Etwa 100 g frische
Kapuzinerkresseblätter
(ohne Stengel gewogen)
8 Kapuzinerblüten
etwas Essigwasser
150 g Graved Lachs
weißer Pfeffer, frisch gemahlen
$^{1}/_{2}$ Becher (85 g) Sahnedickmilch (10 % Fett)
100 ml Buttermilch
2 TL Hanföl, kalt gepreßt
1 EL Zitronensaft
Meersalz
$^{1}/_{2}$ TL Honig
3 EL geschälte Hanfsamen,
geröstet
1 Bund Schnittlauch*

Kapuzinerkresse-Salat mit Hanf-Schnittlauch-Dressing

- Die Kapuzinerkresseblätter gründlich abspülen, die Blüten in kaltes, mit Essig gemischtes Wasser legen (damit eventuell vorhandene kleine Insekten herauskriechen), abtropfen lassen und 4 Teller mit Blättern und Blüten auslegen.

- Den Graved Lachs fein hacken, in die Mitte eines jeden Tellers jeweils ein Häufchen davon setzen und mit Pfeffer bestreuen.

- Sahnedickmilch, Buttermilch, Hanföl und Zitronensaft glattrühren, mit Pfeffer, Meersalz und Honig würzen. Die Hanfsamen unterheben.

- Den Schnittlauch abbrausen, trockenschwenken, in feine Röllchen schneiden und unter die Milchsauce rühren.

- Das Dressing auf den Salatportionen verteilen.

Beilage: Knäckebrot oder frisches Baguette.

Suppen und Eintöpfe

Dinkel-Hanf-Cremesuppe mit Sauerkraut

- Die Zwiebel schälen und fein schneiden. Das Sauerkraut mit zwei Gabeln zerpflücken und grob schneiden.
- Die Margarine in einem Topf erhitzen, die Zwiebelwürfel darin glasig dünsten. Das Sauerkraut zugeben, mit der Brühe aufgießen. Mit Kümmel und Pfeffer würzen. Dann aufkochen und bei kleiner Hitze zugedeckt 25–30 Minuten köcheln lassen.
- Den Schnittlauch abbrausen, trockenschwenken und in feine Röllchen schneiden.
- Die Dinkel-Hanf-Cremesuppe mit kaltem Wasser verquirlen und in die Sauerkrautsuppe rühren. Noch einmal aufkochen und abschmecken.
- Saure Sahne und Schnittlauch verrühren.
- Die Suppe in tiefe Teller füllen und mit der Schnittlauchsahne servieren.

Tipps:
Wer mag, kann auch zusätzlich geröstete und geschrotete Hanfsamen unter die Suppe rühren. Vorsicht beim Würzen, denn die Cremesuppe ist schon gesalzen!

1 Zwiebel
250 g Sauerkraut
1 EL Margarine
1 EL edelsüßer Paprika
1 l Gemüsebrühe
1 TL Kümmel
1 Msp weißer Pfeffer, frisch gemahlen
4 EL Dinkel-Hanf-Cremesuppe (Fertigprodukt)
$1/16$ l kaltes Wasser
1 Bund Schnittlauch
250 g saure Sahne

Rezepte

Für den Eierstich:
30 g Spinatblätter
2 Eier (Gew. Kl. M)
2 EL geröstete Hanfkörner,
fein geschrotet
weißer Pfeffer, frisch gemahlen
70 g Schlagsahne

Für die Garnitur:
frischer Kerbel

Für die Suppe:
500 g Topinambur *
250 g Äpfel
30 g frischer Meerrettich
³/₄ l Gemüsebrühe (Instant)
¹/₈ l trockener Weißwein
1 Eiweiß (Gew. Kl. M)
1 EL Zitronensaft

Topinambur-Apfel-Suppe mit grünem Hanf-Eierstich

- Die Spinatblätter kurz in heißem Wasser blanchieren, auf ein Sieb zum Abtropfen schütten. Zusammen mit den Eiern im Mixer pürieren. Die Sahne aufkochen und mit den gerösteten Hanfkörnern unter die Spinatmasse rühren. Mit Salz und Pfeffer würzen. In eine kleine, kalt ausgespülte Form füllen und zugedeckt im Wasserbad auf dem Herd 25 Minuten garen.

- Topinambur, Äpfel und Meerrettich schälen, putzen, waschen und fein pürieren. Mit der Brühe und dem Weißwein in einen Topf geben. Das Eiweiß einrühren. Unter gleichmäßigem Rühren erhitzen, etwa 15 Minuten köcheln lassen.

- Ein Sieb mit einem Tuch auslegen, auf einen Topf setzen und die Suppe durchpassieren. Die Suppe mit Zitronensaft und Salz abschmecken.

- Den Eierstich aus der Form lösen und in beliebige Formen schneiden. In der Suppe anrichten.

- Mit den Kerbelblättchen garnieren.

Beilage:
Geröstete Hanf-Hefebrotscheiben (Seite 122) oder Fladenbrot.

Tipp:
Statt der Spinatblätter können Sie auch 1 Bund krause Petersilie verwenden. Die braucht nicht blanchiert zu werden.

Suppen und Eintöpfe

Info:
* Topinambur – auch Erdartischocke genannt – ist eine Knollenfrucht aus der Sonnenblumenfamilie. Der Geschmack ist nussig.

Rezepte

2 EL Butterschmalz
160 g Hanfsamen
1 kleines Lorbeerblatt
je 3 Piment- und weiße
Pfefferkörner
1 ¹/₂ l Gemüsebrühe (Instant)
2 mittelgroße Kartoffeln
(mehlig kochende Sorte)
2 Möhren
1 kleine Petersilienwurzel
1 kleiner Zucchino
1 kleiner Kohlrabi
weißer Pfeffer, frisch gemahlen
2 EL Schmand oder
Crème fraîche
2 Scheiben Hanf-Gewürzbrot
(siehe Seite 123)
1 EL Butterschmalz
2 EL geröstete Hanfsamen,
geschrotet
Meersalz

Hanfsamensuppe mit Gemüse-streifen und Hanf-Croûtons

- Etwa 1 EL Butterschmalz in einem Topf erhitzen, die Hanfsamen darin rösten, mit Gemüsebrühe aufgießen, Lorbeerblatt, Piment- und Pfefferkörner zugeben. Zugedeckt 90 Minuten leicht köcheln, dann abkühlen lassen, im Aufsatz der Küchenmaschine pürieren und durch ein Sieb gießen.

- Inzwischen die Kartoffeln und das Gemüse putzen, waschen, schälen und in feine Streifchen schneiden. In Salzwasser blanchieren, eiskalt abschrecken.

- In einer Pfanne etwas Butterschmalz zerlassen, das Gemüse darin anschwitzen und etwa 3 Minuten zugedeckt dünsten, dann die Hälfte des Gemüses herausnehmen, beiseite stellen, die andere Hälfte pürieren, mit der durchgeseihten Hanfflüssigkeit verrühren. Das beiseite gestellte Gemüse in die Suppe geben. Nochmal abschmecken.

- Das Hanf-Gewürzbrot in kleine Würfel schneiden. Restliches Butterschmalz in einer Pfanne erhitzen und darin die Brotwürfelchen leicht rösten.

- Die Suppe vor dem Servieren mit den gerösteten Croûtons und den Hanfkörnern bestreuen.

Beilage:
Frisches Hanf-Gewürzbrot oder Hanf-Kräuterbrot (siehe Seite 123).

Suppen und Eintöpfe

Variante:

Eine gut abgeschmeckte Gemüsebrühe mit den knapp gedünsteten Gemüsewürfeln mischen. Vor dem Servieren den gerösteten Hanfschrot und gehackten Kerbel einstreuen. Wer mag, kann sich bei Tisch noch Schmand in die Suppe rühren.

Hanf-Petersilienwurzel-Cremesuppe

3 Schalotten
1 Stück Lauch (100 g)
50 g Sellerieknolle
400 g Petersilienwurzel
$1/2$ l Geflügelbrühe
200 g Schlagsahne
2 EL Zitronensaft
2 EL Butter
2 EL Weizenmehl
1 TL Hanfmehl
Vollmeersalz
weißer Pfeffer, frisch gemahlen
200 g Crème fraiche
1 Bund glatte Petersilie
2 EL geschälte Hanfsamen, geröstet

- Die Schalotten schälen und fein hacken. Die Gemüse putzen, waschen und klein schneiden. Die Petersilienwurzel in kleine Stücke schneiden.
- Die Butter in einem Topf erhitzen. Die Schalottenwürfel darin andünsten, dann die Gemüsewürfel zugeben. Mit der Brühe aufgießen.
- Bei milder Hitze zugedeckt etwa 15 Minuten köcheln lassen. Die Petersilienblätter 5 Minuten vor Ende der Garzeit zugeben.
- Die Suppe mit der Sahne im Mixer pürieren. Die Butter mit Weizen- und Hanfmehl verkneten und in die Suppe rühren. Noch ca. 8 Minuten kochen. Mit dem Schneebesen aufschlagen. Die Suppe mit Salz, Pfeffer und Zitronensaft abschmecken.
- Die Suppe in einer vorgewärmten Terrine servieren. Zum Essen nimmt sich jeder nach Belieben Crème fraîche und streut sich gehackte Petersilie und die gerösteten, geschroteten Hanfkörner auf die Suppe.

Beilage: Mehrkornbrot.

Rezepte

300 g Kichererbsen, getrocknet
1 l Wasser
1 mittelgroße Zwiebel (100 g)
2 EL Pflanzenöl
2–3 Samenkörner
Kreuzkümmel (Cumin), ganz
grob zerstoßen
1 Prise Kurkuma (Gelbwurz)
1 1/2 l Gemüsebrühe
2 EL geröstete Hanfsamen,
geschrotet
2 Äpfel (etwa 300 g)
80 g Frischkäse
1 1/2 EL Hanföl
2 Bund glatte Petersilie,
gehackt

Cremige Kichererbsen-Hanfsuppe

- Die Kichererbsen über Nacht in einer Schüssel mit Wasser einweichen. Das Einweichwasser abgießen, die Kichererbsen abbrausen.
- Die Zwiebel schälen und fein würfeln. Das Pflanzenöl erhitzen, die Zwiebel darin anbraten, Kreuzkümmel und Kurkuma einrühren. Einen knappen Liter Gemüsebrühe, die Hanfsamen und die Kichererbsen zufügen und zugedeckt 1 3/4 Stunden garen.
- Inzwischen die Äpfel schälen, vierteln, das Kerngehäuse entfernen und die Apfelstücke würfeln. Zu den Kichererbsen geben. Noch 3 Minuten köcheln lassen und mit dem Mixstab pürieren.
- Je nach Sämigkeit die restliche Brühe zufügen. Den Frischkäse und das Hanföl einrühren, mit gehackter Petersilie bestreuen.

Beilage: Knuspriges Roggen-Baguette.

Tipp:
Wenn Sie einen Schnellkochtopf oder gegarte Kichererbsen aus der Dose verwenden, beträgt die Zubereitungszeit statt 1 3/4 Stunden nur 30 Minuten.

Suppen und Eintöpfe

Kerbelsuppe mit Hanf-Quarkklößchen

🌿 Den Kerbel putzen, abbrausen, die Blättchen von den Stielen zupfen. Die Zwiebel schälen und fein würfeln. 1 EL Butter erhitzen und die Zwiebelwürfel darin andünsten.

🌿 Das Suppengrün zufügen. Mit Salz und Pfeffer bestreuen, mit Kalbsfond und Gemüsebrühe aufgießen, zugedeckt 15 Minuten köcheln lassen.

🌿 Restliche Butter erhitzen, die Kerbelblättchen darin unter Wenden andünsten und in den Topf geben. Alles mit dem Mixstab pürieren. Die Sahne einschlagen. Mit Salz, Pfeffer, Zucker und Zitronensaft abschmecken.

🌿 Für die Hanf-Quarkklößchen Quark, Eigelb und Hanföl in einer Schüssel schaumig rühren. Das Toastbrot entrinden, mit dem Pürierstab zerkleinern und unter die Quarkmasse heben. Das Hanfmehl darüberstäuben und alles gut mischen.

🌿 Den Kerbel abbrausen, die Blätter abzupfen und fein schneiden. Unter die Quarkmasse rühren. Mit Salz und Pfeffer abschmecken.

🌿 In einem Topf Salzwasser erhitzen. Von der Klößchenmasse mit zwei Teelöffeln Nocken abstechen und diese in dem siedenden Wasser ziehen lassen. Sobald sie oben schwimmen, sind die Klößchen gar. Mit einem Schaumlöffel herausnehmen und in der Suppe anrichten.

200 g Kerbel
1 Zwiebel
2 1/2 EL Butter
1 Päckchen tiefgefrorenes Suppengrün (50 g)
Vollmeersalz
weißer Pfeffer, frisch gemahlen
400 ml Kalbsfond (aus dem Glas)
600 ml Gemüsebrühe (Instant)
1/8 l Schlagsahne
1 Prise Zucker
2 Spritzer Zitronensaft

Für die Hanf-Quarkklößchen:
100 g Magerquark
1 Eigelb (Gew. KL. M)
1 TL Hanföl
2 Scheiben Toastbrot
1 EL Hanfmehl
1 Bund Kerbel
Meersalz, weißer Pfeffer
1 1/2 l Wasser

Rezepte

400 g rote Bete
1 TL Kümmel
2 mittelgroße Zwiebeln
1 Knoblauchzehe
50 g Butter oder Margarine
800 ml Kalbsfond (aus dem Glas)
200 ml Gemüsefond (aus dem Glas)
Vollmeersalz
weißer Pfeffer, frisch gemahlen
1 Msp Muskatnuß
1 TL Hanföl

Für die Klößchen:
2 Kalbsbratwürste, ungebrüht
5 EL Schlagsahne
1 EL Mehl
1/2 TL Hanfmehl (ölreduziert)
2 EL geröstete Hanfsamen, fein geschrotet
3 EL Petersilie, gehackt

Rote-Bete-Suppe mit Kalbsbrät-Hanf-Klößchen

- Die roten Bete putzen, waschen und ungeschält in mit Kümmel vermischtem Salzwasser aufsetzen. Zugedeckt 15 Minuten garen, dann herausnehmen, kalt abschrecken und die Haut abziehen. Die Knollen fein würfeln, die Hälfte davon pürieren.

- Zwiebeln und Knoblauch schälen und fein würfeln. Butter in einem Topf erhitzen, Zwiebel und Knoblauch darin glasig dünsten. Mit Kalbs- und Gemüsefond aufgießen, die pürierten roten Bete einrühren, ebenso die Rote-Bete-Würfelchen. Mit Salz, Pfeffer und Muskatnuß würzen.

- Inzwischen das gut gekühlte Kalbsbrät aus dem Saitling nehmen, im Mixer mit Schlagsahne verrühren. Mehl und Hanfmehl, geschrotete Hanfsamen und gehackte Petersilie unterrühren. Kleine Klößchen abstechen und in dem leicht gesalzenen Wasser 5 Minuten ziehen lassen.

- Die Rote-Bete-Suppe noch einmal erwärmen, das Hanföl einrühren. Mit den Kalbfleisch-Hanf-Klößchen in der Suppe anrichten.

Beilage: Zwiebelbaguette.

Suppen und Eintöpfe

Wildgemüsesuppe mit Hanf

* Die verschiedenen Wildgemüse abbrausen, trockentupfen und fein schneiden. 2 EL abnehmen und zugedeckt beiseite stellen.
* In einem Topf 1 EL Butter erhitzen, die restlichen Wildgemüse darin unter Wenden dünsten. Das Gemüse herausnehmen und beiseite stellen.
* Weizen- und Hanfmehl in dem verbleibenden Fett anschwitzen. Mit der Brühe auffüllen. Zugedeckt 8 Minuten köcheln lassen. Das gedünstete Wildgemüse in die Suppe geben, den Schmand einrühren. Mit Salz und Pfeffer abschmecken.
* Vor dem Servieren die beiseite gestellten frischen Wildgemüse und Hanfsamen in die Suppe rühren.

Beilage: Geröstete Haferbrotscheiben mit gesalzener Butter.

150 g frisches Wildgemüse (Löwenzahn, Vogelmiere, Brennessel, Taubnessel etc.)
2 EL Butter
3 EL Weizenmehl
1 EL Hanfmehl
1 l Gemüsebrühe (Instant)
Vollmeersalz
weißer Pfeffer, frisch gemahlen
100 g Schmand
2 EL geröstete Hanfsamen, geschrotet

Rezepte

*Je 300 g Knollensellerie
und Lauch
1 kleine Zwiebel
15 g Butter oder Margarine
15 g Weizenmehl
5 g Hanfmehl (ölreduziert)
1 l Gemüsebrühe (Instant)
1 EL Hanföl
3–4 EL Schlagsahne
1 EL geriebener Käse
Vollmeersalz*

Hanf-Sellerie-Lauchsuppe

✿ Den Sellerie schälen, erst in dünne Scheiben, dann in Stifte schneiden. Den Lauch putzen, waschen, in Ringe schneiden. Die Zwiebel schälen und fein würfeln.

✿ Das Fett erhitzen, die Zwiebelwürfel darin glasig dünsten, Sellerie und Lauch zufügen und unter Wenden zugedeckt 3 Minuten andünsten. Mit Weizen- und Hanfmehl bestäuben, unter Rühren die Brühe zugießen. 10 Minuten zugedeckt leicht köcheln lassen.

✿ Alles mit einem Mixstab oder in der Küchenmaschine pürieren, dann noch einmal aufkochen.

✿ Hanföl, Schlagsahne und Käse einrühren, mit dem Handrührgerät (Schneebesen) aufschlagen. Mit Salz und Pfeffer abschmecken.

Tipp:
Wer mag, kann sich noch zusätzlich geschrotete, geröstete Hanfsamen über die Suppe streuen.

Suppen und Eintöpfe

Klare Zucchinisuppe mit Hanf-Käseklößchen

🌿 Die Zucchini putzen, waschen, Spitzen und Stengelansätze entfernen. Die Zucchini in sehr dünne Streifen schneiden.

🌿 Die Gemüsebrühe in einem Topf erhitzen. Die Zucchinistreifen zugeben und etwa 1 Minute ziehen lassen, abseihen und warm stellen. Die Brühe wieder in den Topf gießen, den Weißwein zufügen.

🌿 Für die Klößchen die Butter sahnig rühren, mit den übrigen Zutaten und Petersilie zu einem glatten Teig verarbeiten und pikant abschmecken. Daumengroße Klößchen formen.

🌿 Das Wasser mit Salz bis zum Siedepunkt erhitzen und die Klößchen darin gar ziehen lassen. Sie sind fertig, sobald sie oben schwimmen. Danach herausnehmen und warm halten.

🌿 Die Brühe erhitzen, mit Hefe-Gemüsebrühe, Pfeffer und Muskatnuß abschmecken.

🌿 Die Zucchinistreifen und Käseklößchen in tiefe, vorgewärmte Teller geben, mit der Brühe auffüllen. Die gerösteten Hanfsamen und in Streifen geschnittenes Basilikum darüberstreuen.

Tipps:
Statt der gerösteten schmecken auch geschälte Hanfsamen.
Die Käseklößchen halten sich am besten in einer Schüssel mit umgedrehter Untertasse. Dann kann eventuell vorhandene Flüssigkeit ablaufen.

---

600 g kleine Zucchini
1 1/4 l Gemüsebrühe
1/8 l trockener Weißwein

Für die Käseklößchen:
60 g Butter oder Margarine
100 g Käse, gerieben
1 Ei (Gew. Kl. M)
45 g Weizenmehl
15 g Hanfmehl
Vollmeersalz
2 EL frische oder tiefgefrorene
Petersilie, gehackt
1 1/2 l Wasser

Außerdem:
1–2 TL Hefe-Gemüsebrühe
(Reformhaus)
weißer Pfeffer, frisch gemahlen
1 Hauch Muskatnuß

Zum Bestreuen:
2–3 EL geröstete Hanfkörner,
grob geschrotet
3 Stiele Basilikum

Rezepte

1 EL Butterschmalz
160 g Hanfsamen
1 1/2 l Gemüsebrühe
1 kleines Lorbeerblatt
je 3 Piment- und weiße
Pfefferkörner
1 Bund Suppengrün
1 Zwiebel
1 kg Kartoffeln (mehlig
kochende Sorte)
Salz
50 g Speck
weißer Pfeffer, frisch gemahlen
frische Kräuter wie Petersilie,
Liebstöckel, Schnittlauch

Außerdem:
2 Scheiben Hanf-Gewürzbrot
(siehe Seite 123)
1 EL Hanföl
2 EL geröstete Hanfsamen,
geschrotet

Kartoffel-Hanfsuppe

☆ Das Butterschmalz in einem Topf erhitzen, die Hanfsamen darin rösten, mit Gemüsebrühe aufgießen, das Lorbeerblatt und Piment- sowie Pfefferkörner zugeben. Zugedeckt 90 Minuten leicht köcheln, dann abkühlen lassen. In der Küchenmaschine oder mit einem Mixstab pürieren und durch ein Sieb gießen.

☆ Inzwischen das Suppengrün putzen, waschen und klein schneiden. Die Zwiebel schälen und fein hacken. Die Kartoffeln schälen, waschen und würfeln.

☆ Den Speck auslassen, die Zwiebelwürfel darin glasig braten.

☆ Das klein geschnittene Suppengrün, Kartoffeln, Salz, Pfeffer und die Hanfbrühe zugeben. Die Zwiebelwürfel ohne Speckfett einrühren und 15 Minuten zugedeckt bei mittlerer Hitze garen.

☆ Alles zerstampfen oder pürieren und mit reichlich gehackten Kräutern vermischen. Noch einmal abschmecken.

☆ Das Hanfgewürzbrot in kleine Würfel schneiden. In einer Pfanne unter Wenden goldbraun rösten. Die Pfanne vom Herd nehmen, das Hanföl hineinrühren und mit den geschroteten, gerösteten Hanfsamen auf der Kartoffelsuppe verteilen. Sofort servieren.

Beilage: Streifen von gekochtem Schinken, kleine Würfel von Fleischwurst.

Suppen und Eintöpfe

Klare Kartoffelsuppe mit Hanf-Pesto

- Die Zwiebeln ungeschält quer halbieren und mit der Schnittfläche in einem Suppentopf anrösten. Ebenso das Suppengrün und den Knochen. Das Wasser zugießen, aufkochen und abschäumen.
- Etwas Salz, Lorbeerblatt, Rosmarinnadeln und Pilze zufügen. Bei kleiner Hitze ohne Deckel zwei Stunden köcheln lassen.
- Alles durch ein feines Sieb seihen. Jetzt ist die Brühe auf gut 1 $1/4$ l eingekocht.
- Die Kartoffeln schälen und in dünne Scheiben schneiden. Kartoffeln und Gemüse in der abgesiebten Brühe bei kleiner Hitze etwa 10 Minuten gar ziehen lassen.
- Die Suppe mit Salz und Pfeffer abschmecken.
- Für das Pesto die Basilikumblätter waschen, trockentupfen und klein schneiden. Den Knoblauch schälen und fein hacken. Das Basilikum mit dem gehackten Knoblauch, den Hanfkörnern, Pinienkernen und Salz im Mörser zerstoßen. Sobald die Masse glatt ist, den Käse, dann nach und nach das Öl untermischen und mit Salz abschmecken.
- Die Suppe in vorgewärmte tiefe Teller gießen. Jeder nimmt sich von dem Hanf-Pesto selbst.

2 Zwiebeln
1 Päckchen tiefgefrorenes Suppengrün
1 kg Roastbeefknochen
2 l Wasser
Salz
1 Lorbeerblatt
1 Zweig Rosmarin
etwa 8 getrocknete Steinpilze
600 g kleine neue Kartoffeln (vorwiegend festkochende Sorte)
150 g tiefgefrorene Möhren und Erbsen

Für das Hanf-Pesto:
3 Bund Basilikum
2 Knoblauchzehen
4 EL geröstete Hanfsamen, geschrotet
2 EL Pinienkerne
50 g Parmesankäse, frisch gerieben
2 EL Pflanzenöl (Rapsöl)
3 EL Hanföl, kalt gepreßt
$1/2$ TL Salz

Rezepte

*600 g Kürbisfleisch
(ohne Schale und Kerne)
1 Schalotte
1 EL Butter
1 Bund frischer Koriander
³/₄ l Gemüsefond
(aus dem Glas)
1 EL Hanföl
100 g Schlagsahne
Vollmeersalz
weißer Pfeffer, frisch gemahlen
Saft von ¹/₂ Zitrone
3 EL geröstete Hanfsamen,
geschrotet*

Kürbiscremesuppe mit gerösteten Hanfsamen

- Kürbisfleisch in kleine Würfel teilen. Die Schalotte schälen und fein schneiden.

- Die Butter in einem Topf erhitzen, die Schalottenwürfel darin andünsten. Das Korianderkraut abbrausen, die Blätter abzupfen. Einige Blättchen beiseite legen. Restlichen Koriander mit dem Kürbis in den Topf geben. Den Gemüsefond zugießen, 20 Minuten zugedeckt köcheln lassen und anschließend pürieren.

- Das Hanföl und die Schlagsahne zugießen, mit dem Pürierstab noch einmal aufrühren. Mit Salz, Pfeffer und Zitronensaft abschmecken.

- Vor dem Servieren die geschroteten, gerösteten Hanfsamen darüberstreuen und mit den restlichen Korianderblättchen garniert servieren.

Beilage: Geröstete Weißbrotscheiben.

Suppen und Eintöpfe

Hanfsuppe mit Erbsen, Möhren und frischer Minze

- Die Gemüsebrühe aufkochen, das Gemüse zugeben und zugedeckt bei kleiner Hitze garen.
- Weizenvollkornmehl und Hanfmehl mischen, mit wenig Wasser verquirlen und in die Flüssigkeit rühren. 5 Minuten kochen. Schmand oder Crème fraîche mit Handrührgerät, Schneebesen oder Pürierstab einrühren.
- Die Suppe erhitzen, aber nicht mehr kochen lassen. Mit Salz, Pfeffer und Cayennepfeffer würzen.
- Mit frischer, gehackter Minze bestreut anrichten.

Beilage: Vollkornbrot.

1 1/4 l Gemüsebrühe (Instant)
1 Packung tiefgefrorene Erbsen und Möhren (300 g)
30 g Weizenvollkornmehl
10 g Hanfmehl (ölreduziert)

100 g Schmand oder
Crème fraîche
Salz, Pfeffer, Cayennepfeffer
1 Bund frische Minze

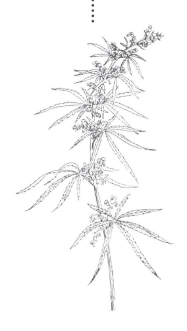

Rezepte

1 mittelgroße Zwiebel
1 Bund Suppengrün
4 kleine Kartoffeln
1 TL Butterschmalz
600 g Zucchini
Vollmeersalz
1 TL Curry
1 1/4 l Wasser
2 EL Gemüsebrühe (Instant)
4 EL Naturreis
6 EL geschälte Hanfsamen
2 EL Hanföl
4 EL Sahnejoghurt

Gemüse-Hanf-Eintopf

✳ Die Zwiebel schälen und fein hacken. Die Zucchini waschen, Spitzen und Stengelansätze entfernen. Die Zucchini in fingerlange Stücke schneiden.

✳ Das Suppengrün putzen, waschen, klein schneiden. Das Butterschmalz erhitzen und die Zwiebelwürfel darin glasig dünsten. Das Suppengrün unter Wenden anbraten, etwas Brühe zugeben und zugedeckt 5 Minuten schmoren.

✳ Inzwischen die Kartoffeln schälen und würfeln. Dann die restliche Flüssigkeit mit der Gemüsebrühe zugeben. Den gewaschenen, abgetropften Naturreis einstreuen und 20 Minuten ausquellen lassen.

✳ Hanfsamen, Zucchiniwürfel und Hanföl 5 Minuten vor Ende der Garzeit zufügen. Mit Salz und Curry würzen.

✳ Den Eintopf abschmecken und sofort anrichten. Vor dem Servieren auf jede Portion 1 EL Joghurt geben.

Variante:
Statt Naturreis können Sie auch sehr gut Graupen verwenden.

Suppen und Eintöpfe

Gemüse-Hanf-Eintopf mit Hähnchenfleisch

✿ Den Blumenkohl putzen, waschen und in Röschen teilen. Die Zucchini waschen, von Blüten- und Stielenden befreien, die Zucchini in Scheiben schneiden.

✿ Die Zwiebel schälen, in Ringe schneiden und in Butterschmalz glasig dünsten. Den Senf unterrühren. Die Blumenkohlröschen hinzufügen und mit der Gemüsebrühe auffüllen.

✿ Mit Salz, Pfeffer und Paprika würzen.

✿ Alles bei mittlerer Hitze zugedeckt 10 Minuten garen. Die Hähnchenbrüste in Streifen schneiden und mit den Zucchinischeiben in den Eintopf geben. Die geschälten Hanfsamen unterheben.

✿ Die Liebstöckelblätter abbrausen, einige Blätter fein schneiden und zufügen. Noch 8–10 Minuten garen.

✿ Mit den gerösteten, geschroteten Hanfsamen bestreuen und mit den restlichen Liebstöckelblättern garniert servieren. Hanfbrot dazu reichen.

Für 6 Portionen:
1 Blumenkohl (750 g)
400 g Zucchini
1 Gemüsezwiebel
2 EL Butterschmalz
4 EL Ganzkornsenf
(aus dem Reformhaus)
1 1/2 l Gemüsebrühe (Instant)
Vollmeersalz, weißer Pfeffer,
edelsüßer Paprika
3 Hähnchenbrüste (je 250 g)
3 EL geschälte Hanfsamen
2 EL geröstete Hanfsamen
3–4 Stiele Liebstöckel

Rezepte

750 g Lammfleisch aus der
Keule
2 EL Butterschmalz
Vollmeersalz
weißer Pfeffer, frisch gemahlen
1 Zwiebel
4 Knoblauchzehen
1 Stück Sellerieknolle
1 kleine Petersilienwurzel
1 1/4 l Fleischbrühe (Instant)
350 g Zucchini
2 Kohlrabi
2 mittelgroße Kartoffeln
1 Stiel Rosmarin
3 Salbeiblätter
1/2 TL gemahlener Koriander
1 Prise Zucker
200 g Tomaten
3 Frühlingszwiebeln
4 EL Hanfsamen, geschält
2–3 EL Hanföl
1 Bund frischer Koriander

Lamm-Eintopf mit Gemüse und Hanf

- Das Fleisch abspülen, in daumengroße Würfel schneiden und unter Wenden in dem Butterschmalz in einem Topf anbraten, mit Salz und Pfeffer würzen.

- Zwiebel, Knoblauchzehen, Sellerieknolle und Petersilienwurzel schälen. Die Zwiebel würfeln, die Knoblauchzehe zerdrücken, Sellerieknolle und Petersilienwurzel in kleine Würfel schneiden.

- Alles zum Fleisch geben. Weitere 5 Minuten braten, ab und zu umrühren. Mit wenig Flüssigkeit auffüllen, noch etwa 5 Minuten zugedeckt schmoren. Dann restliche Brühe angießen.

- Die Zucchini waschen, von Spitzen und Stengelansatz befreien. Kartoffeln und Kohlrabi schälen, alles in Scheiben bzw. Stifte schneiden und in den Topf geben. Zugedeckt bei kleiner Hitze etwa 10 Minuten köcheln lassen.

- Rosmarin und Salbei waschen, trockentupfen und die Blätter grob schneiden. Mit den Rosmarinnadeln zufügen. Mit Koriander, Salz, Pfeffer und Zucker würzen.

- Die Tomaten überbrühen, die Stengelansätze entfernen, die Früchte häuten, entkernen und vierteln. Frühlingszwiebeln waschen und in feine Ringe schneiden.

- Tomaten, Zwiebelringe, geschälte Hanfsamen und Hanföl zugeben. Nochmals abschmecken und mit gehacktem Koriandergrün bestreuen.

Suppen und Eintöpfe

Kalte Joghurtsuppe mit Hanfsamen und Kräutern

- Joghurt, Zitronensaft und Gewürze in einer Schüssel gut verrühren. Das Hanföl mit dem Handrührgerät (Schneebesen) einschlagen.
- Die Knoblauchzehe schälen und fein zerdrücken. Die Gurke schälen und fein raspeln. Die Kräuter abbrausen und fein hacken. Schnittlauch in kleine Röllchen schneiden. Die Kräuter mit der Knoblauchzehe und der geraspelten Gurke unter den Joghurt rühren. Pikant abschmecken.
- Zum Servieren in gut gekühlte Teller verteilen. Jede Portion mit Hanfsamen bestreuen.

Variante:
Diese Suppe kann auch süß serviert werden. Dann natürlich ohne Knoblauch, Salz, Pfeffer und Kräuter. In diesem Fall abgetropfte, gedünstete Kirschen – frisch oder aus dem Glas – jeweils in einen Teller geben und mit der gut gekühlten Suppe bedecken. Mit geschroteten, gerösteten Hanfsamen bestreuen und mit 1 oder 2 Kirschen garnieren.

2 Becher Joghurt (je 250 g)
Saft von 1/2 Zitrone
Vollmeersalz
weißer Pfeffer, frisch gemahlen
2 EL Hanföl
1 Knoblauchzehe
1 Gurke (400 g)
je 3 Stiele Petersilie, Dill, Kerbel, Schnittlauch
3 EL geröstete Hanfsamen, geschrotet

Rezepte

Süße Suppen

2 EL Butter
2 EL Weizenmehl
1 EL Hanfmehl
3/4 l Milch
1 EL brauner Zucker
1 Päckchen Bourbon-Vanille
1/4 l Schlagsahne

Für die Croûtons:
3 Scheiben
Weizenvollkorntoast
Butterschmalz zum Braten

Süße Hanfsuppe

- Die Butter in einem Topf erhitzen, Weizen- und Hanfmehl einstreuen und unter Rühren kurz anschwitzen. Mit der Milch aufgießen und 8 Minuten leicht köcheln lassen.
- Den Zucker und die Bourbon-Vanille einrühren. Die Schlagsahne in einer Schüssel leicht anschlagen und in die Flüssigkeit rühren.
- Für die Croûtons das Brot in kleine Würfel schneiden; in einer Pfanne in heißem Butterschmalz unter Wenden goldgelb rösten.
- Vor dem Servieren die Croûtons auf der Suppe verteilen.

Tipp:
Statt braunem Zucker können Sie auch Honig verwenden.

Süße Suppen

Hanfbiersuppe mit Schneeklößchen

🌿 Butter oder Margarine in einem Topf zerlassen, Weizen- und Hanfmehl zufügen. Mit dem Bier aufgießen und gut verrühren. Die Zitronenschale zugeben, ebenso Zucker und Gewürze. Alles 7 Minuten leicht köcheln lassen. Die Zitronenschale herausnehmen, die Suppe mit dem Pürierstab gut durchrühren.

🌿 Für die Schneeklößchen Eiweiß steif schlagen, Zucker einrieseln lassen. Mit einem Teelöffel Klößchen abstechen und auf die heiße Suppe setzen. Zugedeckt 5–10 Minuten auf der Suppe ziehen lassen.

🌿 Zucker und Zimt mischen und die Suppe damit bestreuen.

Tipp:
Statt des Zucker-Zimt-Gemischs kann die Suppe auch mit geschroteten, gerösteten Hanfsamen bestreut werden, die darin ebenfalls sehr lecker schmecken.

2 EL Butter oder Margarine
2 EL Weizenmehl
1 EL Hanfmehl
1 l Hanfbier
Schale von 1 unbehandelten Zitrone
$^1/_2$ –1 TL brauner Zucker
1 Prise Vollmeersalz
je 1 gute Prise Muskatnuß, Ingwer- und Zimtpulver

Für die Schneeklößchen:
1–2 Eiweiß (Gew. Kl. M)
1–2 EL Zucker

Rezepte

500 g frische Hagebutten
300 g Äpfel (z. B. Ingrid Marie)
1 l Wasser
30 g Speisestärke
1 Prise Vollmeersalz
abgeriebene Schale von
$^1/_2$ unbehandelten Zitrone
2 EL Fruchtzucker
4 EL Hanfsamen mit Honig
(Fertigprodukt)

Hagebuttensuppe mit gerösteten Hanfsamen

- Die Hagebutten waschen, die Blüten entfernen. Die Hagebutten halbieren, Kerne und Härchen herausschaben. Dabei unbedingt Schutzhandschuhe tragen, da die Kerne einen unangenehmen Juckreiz verursachen. Die Äpfel waschen und ungeschält in Stücke schneiden.
- Die Hagebutten mit Wasser aufsetzen und ca. 20 Minuten kochen. Die Äpfel nach 10 Minuten zufügen. Dann alles passieren, mit der Flüssigkeit wieder in den Topf geben und aufkochen.
- Die Speisestärke mit etwas kaltem Wasser verrühren und die Suppe damit binden. Noch $^1/_2$ Minute kochen.
- Mit Salz, Zitronensaft und Fruchtzucker abschmecken.
- Kurz vor dem Servieren die Hanfsamen mit Honig im Mörser grob zerdrücken und damit die Suppe bestreuen.

Beilage: Hanf-Vollkornkekse (siehe Seite 127).

Vegetarische Hauptgerichte und Beilagen

Vegetarische Hauptgerichte und Beilagen

Gemüse-Allerlei mit Hanfkartoffeln

- ✻ Die Kartoffeln gut abbürsten und ungeschält vierteln.
- ✻ Das Wasser mit Pfefferkörnern und 4 EL Hanfsamen in einem Topf aufkochen, die Kartoffeln in einem Siebeinsatz in den Topf hängen und mit dem Topfdeckel zudecken. Etwa 12 Minuten garen.
- ✻ Das Gemüse in einer Pfanne bei milder Hitze zugedeckt etwa 8 Minuten dünsten, dabei mehrmals wenden.
- ✻ Die Kartoffeln aus dem Siebeinsatz nehmen und in eine vorgewärmte Schüssel füllen.
- ✻ Das Butterschmalz in einer beschichteten Pfanne leicht erhitzen, restliche geschrotete Hanfsamen zugeben und unter die Kartoffeln mischen.
- ✻ Das Gemüse entweder zu den Kartoffeln servieren oder daruntermischen. Mit Petersilienblättern garniert anrichten.

750 g mittelgroße Kartoffeln (vorwiegend festkochende Sorte)
1/4 l Wasser
4–5 weiße Pfefferkörner
6 EL geröstete Hanfsamen, geschrotet
1 Packung tiefgefrorenes Mischgemüse (300 g)
1 EL Butterschmalz
1 Bund Petersilie

Rezepte

3 getrocknete chinesische Pilze
200 g chinesischer Klebreis
oder Rundkornreis
400 ml Wasser
2 Möhren, fein geraspelt
50 g Bambussprossen,
fein geschnitten
4 Frühlingszwiebeln,
fein geschnitten
125 g Erbsen (frisch
oder tiefgefroren)
3 EL Pflanzenöl
(z. B. Maiskeimöl)
1 TL helle Sojasauce
1 TL Vollmeersalz
1/4 TL weißer Pfeffer
1 EL Hanföl
2–3 EL geschälte Hanfsamen,
geröstet

Chinesisches Gemüse-Reis-Gericht mit Hanf

* Die Pilze in Wasser einweichen. Den Reis in einem großen Topf mit dem Wasser übergießen und zudecken. Sobald das Wasser kocht, die Temperatur auf kleinste Stufe stellen und den Reis etwa 20 Minuten ausquellen lassen.

* Inzwischen das Gemüse putzen, waschen und klein schneiden bzw. raspeln.

* Die eingeweichten Pilze halbieren oder vierteln. Das Gemüse mit den Erbsen mischen.

* Das Pflanzenöl in einem Topf erhitzen, das Gemüse zugeben, unter Wenden anbraten, Sojasauce, Salz und Pfeffer zufügen und zugedeckt 2 Minuten dünsten.

* Vor dem Servieren das Hanföl unterrühren und die gerösteten, geschroteten Hanfsamen daüberstreuen.

Tipp:
Dieses Gerichte läßt sich hervorragend im Wok zubereiten. Gegrillte Riesengarnelen, die mit gerösteten, geschroteten Hanfsamen bestreut werden, passen gut dazu.

Vegetarische Hauptgerichte und Beilagen

Hanf-Auflauf mit Grünkohl

- Das Bratling-Fertigprodukt mit dem Wasser in einer Schüssel vermischen und 20 Minuten quellen lassen.
- Zwiebel und Knoblauchzehe schälen und sehr fein hacken.
- Das Butterschmalz in einem Topf erhitzen, Zwiebel- und Knoblauchwürfel darin glasig dünsten. Den Grünkohl zugeben und mit der Brühe aufgießen. Eventuell mit Salz und Pfeffer abschmecken. Zugedeckt 15–20 Minuten dünsten. Dabei gelegentlich umrühren.
- Die Getreide-Hanfbratling-Masse unter den Grünkohl rühren. Die Flüssigkeit, soweit noch vorhanden, einkochen lassen.
- Eine feuerfeste Auflaufform mit etwas Butter einfetten, nacheinander eine Hälfte Grünkohl, zerbröselten Gorgonzola und die zweite Hälfte Grünkohl in die Form schichten.
- Den Backofen auf 200 °C (Umluft 180 °C, Gas Stufe 3) vorheizen. Crème fraîche, Ei, Milch, ganz wenig Salz, Pfeffer und Muskat verrühren und über den Grünkohl ziehen.
- Die Form in den vorgeheizten Backofen auf der 2. Schiene von unten schieben und das Gericht etwa 35 Minuten backen. 5 Minuten vor Ende der Garzeit die Hanfsamen obenauf streuen.

Tipp:
Statt Gorgonzola können Sie auch jeden anderen Käse wie geriebenen Emmentaler, mittelalten Gouda oder Parmesan verwenden.

200 g Getreide-Hanf-Bratlinge
mit Kräutern (Fertigprodukt)
150 ml Wasser
1 Zwiebel
1 Knoblauchzehe
1 EL Butterschmalz
300 g tiefgefrorener Grünkohl
$^1/_4$ l Gemüsebrühe (Instant)
Vollmeersalz
weißer Pfeffer, frisch gemahlen
150 g Gorgonzola
100 g Crème fraîche
1 Ei (Gew. Kl. M)
4–5 EL Milch
geriebene Muskatnuß
2 EL geröstete Hanfsamen,
geschrotet
etwas Butter zum
Einfetten

Rezepte

Für die Bratlinge:
200 g Getreide-Hanf-Bratlinge
mit Kräutern (Fertigprodukt)
2 Eier (Gew. Kl. M)
100 ml Wasser

Für die Salsa:
1 frische Ananas (etwa 550 g)
1 Stück frischer Ingwer
3 Stiele frischer Koriander
1 kleine rote Peperoni
1 EL Zitronensaft
2 EL Vollfrucht-Mango-
Fruchtdicksaft (aus dem
Reformhaus)
weißer Pfeffer, frisch gemahlen

Zum Braten:
1 EL Pflanzenöl

Hanfbratlinge mit Ananas-Salsa

- Bratling-Fertigprodukt, Eier und Wasser in einer Schüssel verrühren und 20 Minuten quellen lassen.
- Inzwischen die Salsa bereiten. Dazu den Strunk von der Ananas abschneiden, die Frucht längs vierteln, harten inneren Kern entfernen und die Fruchtstücke aus der Schale lösen. Ingwer schälen und fein hacken. Koriander abbrausen, trockenschwenken und fein schneiden.
- Die Peperoni längs halbieren, den Strunk und die weißen Kerne entfernen. Die Peperoni in sehr kleine Würfel schneiden.
- Ananasfleisch klein würfeln, mit Zitronensaft, Mango-Fruchtdicksaft, Ingwer, Koriander, Peperoni und Pfeffer vermischen und die Salsa kalt stellen.
- Die gequollene Getreide-Hanf-Bratling-Masse noch einmal umrühren und daraus 4 flache Frikadellen formen.
- Das Öl in einer beschichteten Pfanne erhitzen und darin die Bratlinge von jeder Seite bei mittlerer Hitze etwa 3 Minuten goldbraun braten.
- Die Bratlinge mit der gekühlten Salsa servieren.

Beilage:
Chicoréesalat mit blättrig geschnittenen Champignons, in einer Salatsauce aus weißem Balsam-Essig (siehe Seite 43) und Hanföl mit Korianderblättchen.

Vegetarische Hauptgerichte und Beilagen

Dicke-Bohnen-Gemüse mit Hanfsamen

❈ Die Bohnen aus der Schale drücken und in einem Sieb spülen. Zwiebel und Knoblauchzehe schälen, die Zwiebel in Würfel schneiden, die Stiele der Frühlingszwiebeln in Ringe, den Stangensellerie in Scheiben schneiden. Die abgetrennten weißen Lauchzwiebeln ganz lassen. Die Petersilie abbrausen, trockentupfen und hacken.

❈ Die Margarine in einem großen Topf erhitzen, die ganzen Lauchzwiebeln, die grünen Zwiebelringe sowie die Knoblauchzehe hinzufügen und unter Wenden anschwitzen, die Bohnenkerne zugeben. Zugedeckt 5 Minuten dünsten. Den Thymian, die Selleriescheiben, Salz und Pfeffer zufügen. Mit dem Geflügelfond aufgießen. Alles bei kleiner Hitze zugedeckt etwa 45 Minuten schmoren.

❈ Die Hanfsamen und das Hanföl unter die Bohnen rühren. Vor dem Servieren das Lorbeerblatt und den Thymianstiel entfernen. Die Petersilie darüberstreuen.

Tipp:
Sehr gut schmecken auch weiche geschälte, also ungeröstete Hanfsamen, die unter das Gemüse gemischt werden. Paßt zu gebratenen Lammkoteletts. Dazu knuspriges Stangenvollkornbrot reichen.

Für 4–6 Portionen:
2 1/2 kg dicke Bohnen in der Schale
1 große Zwiebel
1 Knoblauchzehe
5 Frühlingszwiebeln mit Lauch
1 kleine Stange Sellerie
1 kleines Lorbeerblatt
1 Stiel Thymian
1 Bund glatte Petersilie
2 EL Margarine
Vollmeersalz
weißer Pfeffer
1/4 l Geflügelfond (aus dem Glas)
3 EL geröstete Hanfsamen, geschrotet
2 EL Hanföl, kalt gepreßt

Rezepte

250 g Linsen
knapp ³/₄ l Wasser
⅝ l Gemüsebrühe
1 Bund Suppengrün (400 g)
750 g Kartoffeln
2 Zwiebeln (100 g)
2 EL Margarine oder
Pflanzenöl
1 große Paprikaschote (250 g)
3–4 EL geröstete Hanfsamen,
grob geschrotet
1 großer oder 2 kleine Äpfel
1 TL Hanföl
Vollmeersalz
frisch gemahlener weißer
Pfeffer
einige Tropfen
Worchestershiresauce
1 Bund Kerbel
120 g Schmand oder Crème
fraîche

Linsengemüse mit Hanfsamen und Apfel

- Die Linsen waschen und in einem Topf mit dem Wasser 1 bis 2 Stunden einweichen.

- Das Einweichwasser weggießen. Die Linsen auf einem Sieb abspülen und in ¹/₂ l Gemüsebrühe 20 Minuten zugedeckt garen.

- Suppengrün putzen, waschen, klein schneiden. Kartoffeln schälen, waschen und klein würfeln. Die Zwiebeln schälen und hacken.

- Margarine oder Pflanzenöl in einem Topf erhitzen, die Zwiebelwürfel darin glasig dünsten, das Gemüse und die Kartoffeln zufügen und unter Wenden anbraten. Restliche Brühe zugießen und 10 Minuten garen.

- Inzwischen die Paprikaschote waschen, vierteln, den Stielansatz und die weißen Kerne entfernen. Die Paprikaviertel klein schneiden und 3 Minuten vor Ende der Garzeit unter das Gemüse mischen.

- Linsen, Gemüse und ²/₃ der Hanfsamen vermischen. Apfel bzw. Äpfel abspülen, trockentupfen und mit der Schale grob reiben. Das Hanföl unterrühren.

- Das Linsengemüse mit wenig Salz, Pfeffer und Worchestershiresauce abschmecken.

- Auf vorgewärmte Teller verteilen, Kerbelblättchen zur Hälfte unterrühren, den Rest darüber streuen und obenauf jeweils 1 gehäuften EL geriebenen Apfel und 1 EL Schmand oder Crème fraîche setzen. Mit den restlichen Hanfsamen bestreuen.

Beilage: Vollkornbrot.

Vegetarische Hauptgerichte und Beilagen

Warmer Pilz-Tofu in Hanfmarinade mit Hanf-Spinat

🌿 Den Tofu in 1 cm große Würfel schneiden und in eine flache Form geben. Knoblauchzehe schälen und darüberpressen. Sherry und Hanföl dazugießen. Mit Salz, wenig Pfeffer, Cayennepfeffer und Thymianblättchen bestreuen. Zugedeckt gut 2 Stunden durchziehen lassen.

🌿 Inzwischen den Spinat putzen, waschen, abtropfen lassen. Die Austernpilze abtupfen und in Stücke schneiden. Je nach Größe vierteln oder halbieren. Die Schalotten schälen, fein hacken, den Schnittlauch in Röllchen schneiden.

🌿 Das Rapsöl in einer Pfanne erhitzen, Schalotten und Pilze darin goldgelb anbraten. Salzen und pfeffern. Den Tofu abtropfen lassen, kurz unter die Pilze mischen.

🌿 Die Tofu-Marinade mit Zitronensaft verrühren, Hanfsamen unterheben, abschmecken und die Spinatblätter darin wenden. Die Pilz-Tofu-Mischung noch warm auf dem Spinat anrichten. Restliche Marinade darüber verteilen. Mit Schnittlauchröllchen bestreuen.

250 g Tofu
2 Knoblauchzehen
3 cl trockener Sherry
2 EL Hanföl
Vollmeersalz
weißer Pfeffer, frisch gemahlen
1 Msp Cayennepfeffer
3 Stiele Thymian
250 g Blattspinat
300 g Austernpilze
1 EL Rapsöl
2 Schalotten
1 Bund Schnittlauch
Saft von 1 Zitrone
3 EL geröstete Hanfsamen, geschrotet

Rezepte

1 kg Kartoffeln (festkochende Sorte)
2 Knoblauchzehen
7 Salbeiblätter
1/2 EL Rosmarinnadeln
3 EL Pflanzenöl (z. B. Sonnenblumenöl)
1/2 l Gemüsebrühe
Vollmeersalz
weißer Pfeffer, frisch gemahlen
1 EL Hanföl
4 EL Hanfsamen

Hanf-Kartoffeln mit Salbei

❦ Die Kartoffeln schälen und längs halbieren. Kleine Kartoffeln ganz lassen. Knoblauch schälen und fein hacken. Salbeiblätter und Rosmarinnadeln ebenfalls fein hacken.

❦ Das Pflanzenöl in einer Pfanne erhitzen und die Kartoffeln zusammen mit dem Knoblauch und den Kräutern anschwitzen. Mit Gemüsebrühe aufgießen, mit etwas Salz und Pfeffer würzen. Bei kleiner Hitze zugedeckt 20 bis 30 Minuten garen.

❦ Danach sofort das Hanföl und einen Teil der gerösteten, geschroteten Hanfsamen unterheben. Mit dem Rest bestreuen. Sofort anrichten.

Beilage: Feldsalat mit Hanföl-Joghurt-Sauce (wie Hanf-Quark-Salatsauce, jedoch mit Joghurt statt Quark, siehe Seite 34) oder gedünstete Mischpilze mit viel frischer Petersilie und geschälten Hanfkörnern.

Tipps:
Junge neue Kartoffeln können Sie direkt in der Schale zubereiten und anrichten.
Wer mag, kann auch 4 abgezogene, geviertelte Tomaten 15 Minuten vor Ende der Garzeit zu den Kartoffeln geben und mitkochen.

Vegetarische Hauptgerichte und Beilagen

Kartoffel-Hanf-Gratin

1 kg junge Kartoffeln
$^1/_2$ l Milch
1 TL Vollmeersalz
weißer Pfeffer, frisch gemahlen
1 Msp geriebene Muskatnuß
3 EL geröstete Hanfsamen,
geschrotet
Butter für die Form
150 g Crème fraîche

❋ Die Kartoffeln waschen und ungeschält mit einem scharfen Messer in etwa 1 mm dünne Scheiben schneiden.

❋ Milch und Salz in einem Topf aufkochen, die Kartoffelscheiben hineingeben, etwa 5 Minuten kochen; sie sollen knapp gar sein. Die Kartoffelscheiben auf einem Sieb abtropfen lassen.

❋ Den Backofen auf 200 °C (Umluft 180 °C, Gas Stufe 3) vorheizen. Eine runde feuerfeste Auflaufform mit Butter einfetten. Mit der Hälfte der Hanfsamen bestreuen. Die gut abgetropften Kartoffelscheiben kreisrund darauf einschichten. Mit etwas Salz, Pfeffer und den restlichen Hanfsamen bestreuen.

❋ Crème fraîche verrühren und auf den Kartoffeln verteilen. In den vorgeheizten Backofen, mittlere Schiene, stellen und etwa 30 Minuten goldgelb backen.

Tipp:
Zu gegrilltem Fleisch oder Fisch servieren.

Rezepte

60 g Langkorn-
Wildreismischung
4 Paprikaschoten, bunt
gemischt (etwa 650 g)
6 EL Hanfsamen
2 Frühlingszwiebeln
150 g Austernpilze
1 EL Butter
¼ l Gemüsebrühe (Instant)
2 EL Crème fraîche
3 Stiele Thymian
5 Basilikumblätter

Für die Sauce:
350 g Pizzatomaten (aus der
Dose)
1 kleine Knoblauchzehe
1 EL Pflanzenöl
2 EL Schlagsahne
3 EL mittelalter Gouda,
gerieben

Paprikaschoten mit Pilz-Hanfsamenfüllung

- Reis nach Packungsaufschrift zubereiten.
- Die Paprikaschoten längs halbieren, weiße Kerne und Trennwände entfernen, die Schoten waschen. Innen mit Salz und Pfeffer würzen.
- Die Hanfkörner in einer beschichteten Pfanne unter Wenden kurz rehbraun rösten. Herausnehmen und beiseite stellen.
- Die Frühlingszwiebeln abspülen und in feine Ringe schneiden. Die Austernpilze nur trocken abtupfen. Die Stiele abschneiden, grob hacken. Die Hüte ebenfalls würfeln. Mit den Frühlingszwiebeln in Butter andünsten. Die Hälfte der Brühe zugießen. Reis, Hanfsamen, Crème fraîche, gehackten Thymian und Basilikumblättchen dazugeben. Alles gut mischen. Die Füllung mit Salz und Pfeffer pikant abschmecken.
- Den Backofen auf 200 °C (Umluft 180 °C, Gas Stufe 3) vorheizen.
- Die Paprikaschoten mit der Pilz-Reis-Hanfmischung füllen und in einen flachen Bräter setzen. Die zerdrückte Knoblauchzehe und das Öl mit den Pizzatomaten verrühren, zu den Paprikaschoten gießen. Diese zugedeckt auf dem Herd 12–15 Minuten schmoren.
- Restliche Brühe und die Sahne in die Sauce rühren. Die Paprikaschoten mit dem Käse bestreuen, in den vorgeheizten Backofen, 2. Schiene von unten, schieben und noch 5 Minuten überbacken, bis der Käse geschmolzen ist.

Vegetarische Hauptgerichte und Beilagen

Tipps:
Statt mit Reis können Sie die Paprikaschoten auch mit 200 g Getreide-Hanf-Bratlingen mit Kräutern (Fertigprodukt) füllen. Die Masse wird mit 150 ml Wasser eingeweicht und mit den anderen Zutaten vermischt.
Wer die Hanfsamen zu knackig findet, kann sie nach dem Rösten fein oder grob schroten.

Rezepte

1 Chinakohl (etwa 600 g)
6 EL geschälte Hanfsamen, geröstet
250 g Tofu, gehackt
2 EL Sojasauce
2 Eigelb
Vollmeersalz
weißer Pfeffer, frisch gemahlen
1 unbehandelte Zitrone
200 ml Gemüsebrühe (Instant)
1 EL Hanföl
4 EL Crème fraîche
1 Bund Petersilie

Chinakohlrouladen mit pikanter Tofu-Hanfsamen-Füllung

- Vom Chinakohl etwa 8 große Blätter ablösen. Die Kohlblätter ca. 3 Minuten in kochendem Salzwasser ziehen lassen, herausnehmen und kalt abschrecken.

- Den Tofu in kleine Stücke schneiden und mit Sojasauce, Eigelb und $2/3$ der Hanfsamen in einer Schüssel verrühren. Mit Salz und Pfeffer würzen. Jeweils 2 Kohlblätter aufeinanderlegen. Die Füllung darauf verteilen, seitlich einschlagen und möglichst eng aufrollen. Mit Küchengarn umwickeln.

- Den Backofen auf 200 °C (Umluft 180 °C, Gas Stufe 3) vorheizen.

- Die Rouladen in eine feuerfeste Form legen, die Hälfte der Brühe angießen. Die Zitrone in dünne Scheiben schneiden und die Hälfte der Scheiben auf die Rouladen legen. Im vorgeheizten Backofen, 2. Schiene von unten, etwa 35 Minuten garen.

- Die Rouladen herausnehmen. Die Zitronenscheiben entfernen. Die Rouladen auf einer Platte warm stellen. Den Fond in einen Topf gießen, erhitzen, Hanföl und Crème fraîche einrühren, mit dem Pürierstab kurz aufschäumen.

Vegetarische Hauptgerichte und Beilagen

🍁 Die Rouladen von dem Küchengarn befreien und wieder auf die vorgewärmte Platte setzen. Mit den frischen Zitronenscheiben garnieren. Mit den restlichen gerösteten Hanfsamen bestreuen. Mit der Sauce anrichten und alles mit Petersilie garnieren.

Beilage: Salzkartoffeln, mit geschälten Hanfsamen bestreut.

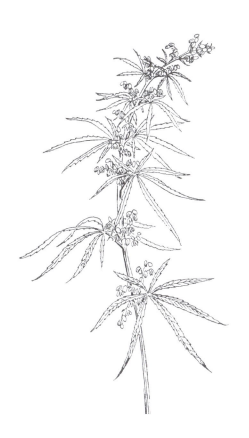

Rezepte

1 kg Kartoffeln (mehlig
kochende Sorte)
$^1/_2$ l Wasser
Vollmeersalz
200 g Weizenmehl
50 g Hanfmehl (ölreduziert)
2 Eigelb (Gew. Kl. M)
frisch gemahlener Pfeffer
4 Stiele frischer Majoran
6 Salbeiblätter
2 EL Butter
4 EL geröstete Hanfsamen,
geschrotet
eventuell 100 g Parmesankäse,
gerieben

Hanf-Gnocchi mit Salbeibutter

- Die Kartoffeln waschen, ungeschält in einem Topf mit dem Salzwasser aufsetzen und bei mittlerer Hitze weich kochen. Danach abgießen, heiß schälen und sofort durch die Kartoffelpresse drücken.
- Die Kartoffelmasse abkühlen lassen und mit Weizen- und Hanfmehl, Eigelb, Salz, Pfeffer und den klein geschnittenen Majoranblättchen zu einer geschmeidigen Masse verkneten.
- Aus dem Teig fingerlange Rollen formen. Von diesen jeweils 1 cm abschneiden und mit einer Gabel flach drücken.
- Die Gnocchi auf einer bemehlten Fläche mit einem Geschirrtuch bedecken und 15 Minuten ruhen lassen.
- In einem großen Topf Salzwasser aufkochen. Die Gnocchi hineingeben, bei schwacher Hitze etwa 5 Minuten sieden. Sobald sie an der Wasseroberfläche schwimmen, sind sie gar.
- Mit einem Schaumlöffel herausnehmen und abtropfen lassen.
- Die Butter in einer Pfanne leicht erhitzen, die geschnittenen Salbeiblätter darin dünsten.
- Zum Anrichten die Gnocchi mit der Salbeibutter begießen, mit Hanfkörnern und Parmesankäse bestreuen.

Vegetarische Hauptgerichte und Beilagen

Beilage: Gemischter grüner Salat mit einer Hanföl-Essig-Sauce.

Tipps:
Den Parmesankäse kann man hier auch weglassen, denn die Hanf-Gnocchi schmecken auch ohne Käse sehr interessant.

Die Hanf-Gnocchi können auch in eine gefettete Auflaufform gegeben, mit $1/8$ l Schlagsahne begossen, mit einigen Butterflocken besetzt und mit dem geriebenen Käse bestreut werden. Anschließend im vorgeheizten Backofen bei 200 °C kurz überbacken.

Rezepte

320 g Mehl
80 g Hanfmehl (ölreduziert)
4 Eier (Gew. Kl. M)
4–6 EL Wasser
1 TL Vollmeersalz

Für die Gemüse-Hanf-Sauce:
1 kleine Aubergine (150 g)
1 kleine gelbe Paprikaschote
1 Schalotte
1 Knoblauchzehe
2 Anchovisfilets
1 EL Pflanzenöl (z. B.
Sonnenblumenöl)
50 g schwarze Oliven, entsteint
1 EL Kapern
400 g Pizzatomaten
(aus der Dose)
Vollmeersalz
weißer Pfeffer
2 EL Hanföl, kalt gepreßt
4 EL geröstete Hanfsamen,
geschrotet
30 g Parmesankäse, gerieben
einige Basilikumblätter

Hanfnudeln mit Gemüse-Hanfsauce

✳ Weizen- und Hanfmehl mischen und auf die Arbeitsfläche häufen. In die Mitte eine Mulde drücken. Die Eier, etwas Wasser und Salz hineingeben. Ein wenig Mehl vom Rand damit verrühren. Mit bemehlten Händen schnell alles durchkneten, bis der Teig glatt ist. Zu einer Kugel formen, 30 Minuten in einer Plastiktüte oder unter einer Schüssel ruhen lassen.

✳ Danach so lange kneten, bis der Teig geschmeidig ist. In 3 bis 4 Teile schneiden. Je ein Stück Teig auf bemehlter Fläche unter leichtem Druck mit der Teigrolle dünn ausrollen. Restlichen Teig zugedeckt liegen lassen.

✳ Für mit der Nudelmaschine bereitete Nudeln den Teigfladen erst auf großer Stufe der Walze durchdrehen, dann auf engere Stufe stellen.

✳ Anschließend den Teigfladen durch die Messerrollen für Bandnudeln oder Spaghetti drehen.

✳ Für mit der Hand bereitete Nudeln die Teigplatte dünn mit Mehl bestäuben und von beiden Seiten etwa 5 cm breit zur Mitte hin übereinanderschlagen und zusammenfalten.

✳ Den zusammengefalteten Teig etwas antrocknen lassen, dann mit einem langen, scharfen Messer in die entsprechend gewünschten Streifen schneiden.

✳ Die Streifen vorsichtig auf ein mit Mehl bestäubtes Geschirrtuch verteilen, dabei etwas schütteln, damit sie sich voneinander

Vegetarische Hauptgerichte und Beilagen

lösen. So lange trocknen, bis die Nudeln hart sind. Dann wie gewohnt verwenden.

☙ Wasser, Salz und Öl in einem Topf aufkochen. Die Nudeln hineingeben, umrühren und etwa 8–10 Minuten garen. Dann auf einem Sieb gut abtropfen lassen.

☙ Für die Sauce die Aubergine waschen, den Stielansatz entfernen, die Frucht in kleine Würfel schneiden.

☙ Die Paprikaschote putzen, waschen, fein würfeln. Schalotte und Knoblauchzehe schälen und fein würfeln. Die Anchovisfilets kalt abspülen und fein hacken.

☙ Das Öl erhitzen, die Auberginenwürfel darin anschwitzen. Schalotten- und Knoblauchwürfel zufügen. Alles unter Rühren anbraten. Paprikawürfel, Anchovis- und Olivenstückchen sowie Kapern zufügen, 5 Minuten dünsten. Die Tomaten zugeben und noch 10 Minuten ohne Deckel köcheln lassen.

☙ Kurz vor dem Servieren das Hanföl und die Hälfte der Hanfsamen einrühren.

☙ Die Nudeln anrichten, mit den restlichen Hanfsamen bestreuen und mit den Basilikumblättern garnieren. Den Parmesankäse extra dazu reichen.

Tipps:
Was auch immer Sie für Nudeln herstellen – Hanfnudeln schmecken auch als Einlage für Eintöpfe oder Suppen.
Wer die Nudeln nicht selbst machen will, kauft fertige Hanfnudeln.

Rezepte

Ergibt 4 Pizzen
mit je 20 cm Durchmesser

Für den Teig:
¹/₂ Würfel Hefe
225 ml lauwarmes Wasser
320 g Weizenmehl
80 g Hanfmehl (ölreduziert)
2 EL Hanföl
¹/₂ TL Salz

Für den Belag:
1 kg Tomaten
1 Zwiebel
1 Knoblauchzehe
10–12 Basilikumblätter
3 Stiele Oregano
5 Rosmarinnadeln
Vollmeersalz
weißer Pfeffer, frisch gemahlen
150 g Mozzarella
2 EL Hanföl, kalt gepreßt
2–3 EL geröstete Hanfsamen,
geschrotet

Außerdem:
Mehl zum Ausrollen

Hanf-Pizza mit Tomaten und Kräutern

- Für den Teig die Hefe zerbröckeln und in dem lauwarmen Wasser auflösen. Weizen- und Hanfmehl, Hanföl, Salz und aufgelöste Hefe in einer Schüssel zu einem glatten Teig verkneten. Zugedeckt an einem warmen Ort zur doppelten Größe aufgehen lassen.

- Für den Belag die Tomaten überbrühen, häuten, entkernen, Stengelansätze entfernen. Die Tomaten in kleine Stücke schneiden.

- Zwiebel und Knoblauchzehe schälen und würfeln. Kräuter abbrausen und trockentupfen. Die Blättchen fein schneiden. Die Kräuter mit den Tomaten, Zwiebeln und Knoblauch mischen. Mit Salz und Pfeffer würzen. Den Mozzarella in Scheiben schneiden.

- Den Teig in 4 Portionen teilen. Auf einer bemehlten Fläche etwa ¹/₂ cm dick zu runden Fladen ausrollen. Ein Backblech mit Backpapier auslegen und die Fladen darauf legen. Die Tomatenmischung darauf verteilen; dabei etwa ¹/₂ cm Teigrand frei lassen. Mit kleinen Mozzarellastückchen belegen. Noch einmal 15 Minuten gehen lassen.

- Inzwischen den Backofen auf 220 °C (Umluft 200 °C, Gas Stufe 4) vorheizen. Die Pizza in den vorgeheizten Backofen, mittlere Schiene, schieben und 12 bis 15 Minuten backen. Die Hanf-Pizza nach dem Backen sofort mit Hanföl beträufeln, mit Hanfsamen bestreuen und sogleich servieren.

Vegetarische Hauptgerichte und Beilagen

Beilage: Gemischter grüner Salat mit einer Weißweinessig-Hanföl-Sauce und Schnittlauch.

Tipp:
Wenn Sie diesen Teig sehr dünn auf einem Springformboden (26 cm Durchmesser) ausrollen und ohne Belag backen, danach abkühlen und 1 Tag bei Raumtemperatur trocknen lassen, erhalten Sie ein knuspriges Gebäck, das dem Tiroler Schüttelbrot ähnelt. Es schmeckt sehr gut zu Wein und Bier.

Rezepte

2 Stangen Sellerie
2 mittelgroße Möhren
1 kleine Stangen Lauch
1 Knoblauchzehe
1 Zwiebel
2 EL Butter
50 ml trockener Weißwein
350 g Risottoreis (Vialone oder Arborio)
1 l heiße Gemüsebrühe (Instant)
Salz, Pfeffer
1 Briefchen Safran
2 EL Hanföl
3 EL geschälte Hanfsamen
50 g Parmesankäse, frisch gerieben
3 EL geröstete Hanfsamen, grob geschrotet

Hanf-Risotto mit Gemüse

- Das Gemüse putzen, waschen und abtropfen lassen. Den Sellerie in Scheibchen, die Möhren in sehr kleine Würfel schneiden, den Lauch halbieren und ebenfalls in dünne Ringe schneiden.
- Knoblauchzehe und Zwiebel schälen und sehr fein würfeln.
- In einem breiten Topf 1 EL Butter schmelzen, Zwiebel- und Knoblauchwürfel darin unter Wenden glasig dünsten, das Gemüse zufügen, anschwitzen, mit dem Wein ablöschen und zugedeckt 5 Minuten dünsten. Dann herausnehmen und beiseite stellen.
- Restliche Butter in dem Topf zerlassen und den Reis darin glasig braten. Mit einem kleinen Teil der Brühe ablöschen. Mit Salz und Pfeffer würzen und bei kleiner Hitze unter ständigem Rühren garen. Immer kleine Mengen Brühe nachgießen und wieder einkochen lassen, bis der Reis fast gar ist.
- Den Safran in der restlichen Brühe auflösen, zum Reis gießen und weitere 20 Minuten gar kochen, jedoch soll der Reis noch bißfest sein. Das Hanföl, die geschälten Hanfsamen und den Parmesankäse unterrühren. Zugedeckt noch 10 Minuten ziehen lassen.
- Vor dem Servieren das Gemüse mit dem Reis mischen, einen Teil der Hanfsamen unterheben, den Rest obenauf streuen.

Vegetarische Hauptgerichte und Beilagen

Beilage: Radicchio-Salat, mit saurer Sahne angemacht und mit gerösteten ganzen Hanfkörnern bestreut.

Tipp:
Auch der Klassiker „Risotto alla milanese" schmeckt mit Hanföl und Hanfsamen hervorragend. Für diese Zubereitung das Mark eines Rinderknochens mit einer gewürfelten Zwiebel in 1 EL Butter anschwitzen. Danach wird der Reis glasig gedünstet, nach und nach mit etwas Brühe abgelöscht und mit restlicher Brühe, in der die Safranfäden verrührt wurden, aufgegossen. Alles langsam cremig einkochen. Zum Schluß Hanföl, 1 EL geschälte Hanfsamen und den geriebenen Käse unterrühren, ebenso einen Teil geröstete, geschrotete Hanfsamen. Den Rest obenauf streuen.

Rezepte

Fischgerichte

750 g Kabeljau- oder
Schellfischfilet
3 EL Honig
4 EL Zitronensaft
2 EL Sojasauce
weißer Pfeffer, frisch gemahlen
2 Spritzer Tabascosauce
2 Lorbeerblätter
2 mittelgroße Möhren
2 Zucchini
12 kleine Zwiebeln
Vollmeersalz
2 TL Hanföl, kalt gepreßt
3 EL geröstete Hanfkörner,
geschrotet

Hanfige Fischspieße

- Das Fischfilet säubern und trockentupfen. Honig, Zitronensaft, Sojasauce, Gewürze und die Lorbeerblätter erhitzen und abkühlen lassen.
- Möhren und Zucchini putzen, waschen und beides in etwa 2 cm dicke Scheiben schneiden.
- Die Zwiebeln schälen und halbieren. Möhren, Zucchini und Zwiebeln in kochendem Wasser 4 Minuten blanchieren.
- Das Fischfilet würfeln. Zusammen mit den Zwiebeln, Zucchini und Möhren auf Spieße stecken.
- Die Spieße in eine flache Schale legen, mit der Marinade begießen und gut 1 Stunde darin ziehen lassen, dann salzen und pfeffern. Herausnehmen, abtropfen lassen und etwa 8 Minuten grillen, dabei einmal wenden und mit der restlichen Marinade begießen.
- Vor dem Servieren mit dem Hanföl beträufeln und mit den Hanfkörnern bestreuen.

Beilage: Langkorn-Wildreismischung.

Fischgerichte

Kabeljau in Hanf-Senf-Sauce

❋ Die Fischkoteletts säubern, mit Zitronensaft beträufeln, mit Salz bestreuen.

❋ Wasser, Fischfond, Wein, Gewürze, Hanfsamen und Suppengrün in einem Topf aufkochen, die Kabeljaukoteletts auf einen Dämpfeinsatz legen und in den Topf setzen. Die Koteletts zugedeckt etwa 10 Minuten darin ziehen lassen.

❋ Den Dämpfeinsatz herausheben, die Koteletts warm stellen. Die Garflüssigkeit durch ein Sieb in einen Meßbecher seihen.

❋ Die Zwiebel schälen und fein würfeln. Mit etwa 300 ml Dämpfflüssigkeit in einem Topf etwa 10 Minuten einköcheln lassen. Dann in ein Gefäß seihen, wieder in den Topf geben, Crème double und Senf einrühren, mit dem Pürierstab die eiskalte Butter einschlagen. Nicht mehr kochen lassen!

❋ Mit Salz, Pfeffer und Apfelfruchtwürze abschmecken. Die Hanfsamen unterheben. Den Fisch mit der Sauce servieren. Mit Petersilie bestreuen.

Beilage: Junge Kartoffeln.

Tipp:
Wer es knackiger mag, kann statt geschälter auch geschrotete, geröstete Hanfsamen verwenden.

4 Kabeljaukoteletts (je 180 g)
2 TL Zitronensaft
Vollmeersalz
$1/2$ l Wasser
$1/8$ l Fischfond aus dem Glas
$1/8$ l trockener Weißwein
weiße Pfefferkörner
1 kleines Lorbeerblatt
2 EL geröstete Hanfkörner, geschrotet
$1/2$ Päckchen tiefgefrorenes Suppengrün (25 g)

Für die Sauce:
1 Zwiebel
100 g Crème double
2 EL Dijon-Senf
2 EL kalte Butter
3 EL geschälte Hanfsamen
Vollmeersalz, Pfeffer
1–2 EL pikante Apfelfruchtwürze (Würzsauce aus dem Reformhaus)
einige glatte Petersilienblätter

99

Rezepte

Für das Gemüse:
1 kg rote Bete
2 EL Pflanzenöl
$^1/_4$ l Wasser
1 mittelgroße Zwiebel
3 EL geschälte Hanfsamen, geröstet
Vollmeersalz
weißer Pfeffer, frisch gemahlen
1 Prise Zucker
1 EL eiskalte Butter

Für den Fisch:
4 Zanderfilets mit Haut
2 TL Zitronensaft
Vollmeersalz
2 EL Weizenmehl
$^1/_2$ TL Hanfmehl
1 Ei (Gew. KL. M)
4 EL Hanfsamen
Butterschmalz zum Braten

Außerdem:
$^1/_2$ Bund frischer Koriander

Zanderfilets mit Hanfsamenkruste auf Rote-Bete-Hanfgemüse

☘ Für das Gemüse die roten Bete waschen, schälen, halbieren und in 3–4 cm lange Stücke schneiden.

☘ Das Öl in einem Topf erhitzen, die roten Bete darin unter Wenden zugedeckt etwa 3 Minuten andünsten.

☘ Das Wasser zugießen und das Gemüse zugedeckt 5–8 Minuten fertig garen.

☘ Die Flüssigkeit abgießen und beiseite stellen. Rote Bete warm stellen.

☘ Die Zwiebel schälen und in feine Streifen schneiden. Öl in einem Topf erhitzen, die Zwiebelstreifen darin anbraten, dann zugedeckt glasig dünsten.

☘ Die beiseite gestellten Roten-Bete-Streifen zugeben, vorsichtig mit den Zwiebelstreifen mischen. Die Hanfsamen unterheben.

☘ Die Rote-Bete-Flüssigkeit in einem Topf aufkochen und etwas reduzieren. Durch ein feines Sieb seihen, den Saft mit Salz, Zucker und Pfeffer abschmecken. Die eiskalte Butter flöckchenweise mit dem Handrührgerät (Schneebesen) einschlagen. Nicht mehr kochen lassen.

☘ Die Fischfilets trockentupfen. Mit wenig Salz und Zitronensaft würzen. Danach auf der Hautseite zuerst in Weizen- und Hanfmehl, dann in verquirltem Ei und den Hanfsamen wenden.

Fischgerichte

- ❋ Ein Stückchen Butterschmalz in einer großen Pfanne leicht erhitzen und die Fischfilets auf der panierten Seite 2–3 Minuten goldgelb braten. Die Filets vorsichtig wenden und noch 2 Minuten fertig braten.
- ❋ Die Fischfilets mit der Hanfkruste nach oben auf der Rote-Bete-Sauce anrichten. Das Gemüse dazusetzen. Die roten Bete mit Korianderblättchen bestreuen.

Beilage: Kartoffelschnee oder Natur-Wildreismischung

Tipp:
Statt der geschälten eignen sich auch geröstete, geschrotete Hanfsamen.

Rezepte

*8 ausgenommene grüne
Heringe
2 unbehandelte Zitronen
Vollmeersalz
2 Bund Petersilie
je 1 Bund Kerbel und
Schnittlauch
weißer Pfeffer, frisch gemahlen
2–3 EL geschälte Hanfsamen,
geröstet
1 EL Pflanzenöl (z. B.
Sonnenblumenöl)
2 TL Hanföl*

Grüne Heringe mit Hanfsamen in Alufolie

* Die Heringe abspülen, trockentupfen und entgräten. Die Doppelfilets mit Zitronensaft beträufeln und leicht salzen. 20 Minuten kühl stellen.

* Die Kräuter abbrausen, trockenschwenken. Petersilie und Kerbel hacken, den Schnittlauch fein schneiden.

* Dann die Fische noch einmal trockentupfen und mit Salz, Pfeffer, Hanfsamen und der Hälfte der gehackten Kräuter bestreuen. Die Filets zusammenklappen oder -rollen.

* Den Backofen auf 220 °C (Umluft 200 °C, Gas Stufe 3–4) vorheizen. Zum Einwickeln 8 ausreichend große Blätter Alufolie zurechtschneiden und mit Pflanzen- und Hanföl vermischt einstreichen. Die Fische daraufgelegen, mit den übrigen Kräutern und Hanfsamen bestreuen und die Folie wie ein Päckchen verschließen.

* Die Fischpäckchen auf den Rost im vorgeheizten Backofen legen, etwa 10 bis 12 Minuten backen. Dann herausnehmen, die Päckchen öffnen und sofort servieren.

Beilage: Stangenweißbrot oder Hanfkräuterbrot (siehe Seite 123).

Fischgerichte

Forelle in Hanfkruste

❋ Die Forellen filetieren, trockentupfen und mit etwas Zitronensaft beträufeln.

❋ Für die Hanfkruste Semmelbrösel, Hanfsamen und Petersilie verrühren. Mit Salz und Pfeffer in einer Schüssel mischen.

❋ Die Butter in einer Schüssel schaumig schlagen und die Semmelbrösel-Hanfsamen-Mischung unterrühren. 20 Minuten kalt stellen.

❋ Den Grill vorheizen. Die Forellenfilets mit Salz und Pfeffer bestreuen. Erst in Mehl wenden, dann in Butterschmalz rundherum 1–2 Minuten braten. Mit der Rundung nach oben in eine flache feuerfeste Form setzen und die Krustenmasse darauf verteilen.

❋ In den vorgeheizten Backofen, mittlere Schiene, schieben und ca. 6–8 Minuten überbacken. Sofort anrichten.

Beilage: Feldsalat mit Pellkartoffelscheiben und Rote-Bete-Streifen mit Schmandsauce (wie Hanf-Quark-Salatsauce, siehe Seite 20).

2 Forellen von je 300–400 g
Saft von 1/4 Zitrone

Für die Hanfkruste:
40 g Semmelbrösel
3 EL geröstete Hanfsamen, geschrotet
4 EL frische oder tiefgefrorene Petersilie, gehackt
Vollmeersalz
weißer Pfeffer, frisch gemahlen
100 g zimmerwarme Butter
Mehl zum Wenden
Butterschmalz zum Braten

Rezepte

1 TL Hanföl
1 TL Butter
$^1/_2$ EL Weizenmehl
1 TL Hanfmehl (ölreduziert)
1 kg küchenfertiges, gehäutetes Seeteufelfilet (Lotte)
Vollmeersalz
3 EL Zitronensaft
2 Schalotten
1 Knoblauchzehe
weißer Pfeffer, frisch gemahlen
Weizen- und Hanfmehl zum Wenden
1 EL Butterschmalz
1 EL Hanföl
100 ml trockener Weißwein (z. B. Riesling)
200 ml Kalbsfond (aus dem Glas)
$^1/_2$ TL Ahornsirup
1 EL Kapern
je 1 Bund Kerbel und frischer Koriander

Seeteufelmedaillons mit Hanfsamen

- Je 1 TL Hanföl, Butter und Hanfmehl sowie 2 gestrichene TL Weizenmehl in einem Gefäß verrühren und zu einem Kloß verkneten. In Folie gewickelt in das Gefriergerät legen.

- Das Seeteufelfilet abspülen, trockentupfen, in 12 gleich große Stücke schneiden. Salzen, mit 1 EL Zitronensaft beträufeln.

- Schalotten und Knoblauchzehe schälen und fein würfeln. Die Fischfilets trockentupfen, mit Pfeffer würzen und in Weizen- und Hanfmehl wenden. Restliches Mehl abklopfen.

- Das Butterschmalz in einer Pfanne erhitzen, die Seeteufelfilets darin beidseitig anbraten und von jeder Seite 1–2 Minuten goldgelb braten, herausnehmen und warm stellen.

- Schalotten- und Knoblauchwürfel in dem Bratfett glasig braten, mit Weißwein und Kalbsfond aufgießen. Umrühren und bei kleiner Hitze 8 Minuten einkochen. Die abgetropfte Flüssigkeit von den Fischmedaillons zugeben. Mit Salz, Pfeffer, restlichem Zitronensaft und Ahornsirup würzen.

- Den Hanf-Butter-Mehlkloß mit der Gabel zerbröckeln und in die Sauce rühren. 4 Minuten köcheln lassen und mit dem Handrührgerät (Schneebesen) aufschlagen.

- Die abgetropften Kapern und die gehackten Kräuter zugeben. Die Fischmedaillons auf eine vorgewärmte Platte legen und mit der Sauce begießen.

Beilage: Basmati-Wildreis oder Salzkartoffeln.

Geflügelgerichte

Geflügelgerichte

Vierländer Entenbrust auf Artischocken-Hanfsauce

Die Entenbrüste auslösen, Beine und Flügel für ein anderes Gericht, z. B. eine Geflügel-suppe, aufbewahren. Die Karkassen (Ge-rippe) klein hacken und in einem Topf ohne Fett einige Minuten bräunen.

Das Gemüse putzen, waschen und klein schneiden. Mit den Gewürzen zu den Kar-kassen geben. Mit Rotwein und Wermut auf-füllen, etwas reduzieren und mit Geflü-gelbrühe aufgießen. Etwas einkochen lassen, durchseihen. Nochmals aufkochen und die Sardellenpaste einrühren.

Artischockenböden und Tomaten würfeln. Die Estragonblätter grob schneiden.

Das eingekochte Gemüse im Mixbecher pü-rieren. Dann in einem Topf erhitzen, die Hanfsamen zufügen. Alles mit Salz, Pfeffer und Estragonblättern würzen. Butter flöck-chenweise einschlagen. Die Artischocken- und Tomatenwürfel in die Sauce rühren.

Abgetropfte Oliven in 1 EL heißem Pflan-zenöl schwenken, pfeffern, Hanföl zufügen und vorsichtig mischen. Warm stellen.

Die Entenbrüste trockentupfen und je nach Größe pro Seite etwa 8 Minuten in Butter-schmalz rosa braten. 5 Minuten in der zuge-deckten Pfanne ruhen lassen. Die Enten-brüste in dünne Scheiben schneiden, mit Sauce und den Oliven anrichten.

2 Vierländer Enten
1 Zwiebel
2 Möhren
1 Stück Sellerieknolle
1 Knoblauchzehe
1 Petersilienstengel
3 Wacholderbeeren
$^1/_2$ TL Senfkörner
4 schwarze Pfefferkörner
1 kleines Lorbeerblatt
$^1/_8$ l Rotwein
$^1/_8$ l trockener Wermut
1 l Geflügelbrühe
1 TL Sardellenpaste
2 Artischockenböden (aus der Dose)
2 abgezogene Tomaten
1 Bund Estragon
3 EL geschälte Hanfsamen, geröstet
Vollmeersalz
weißer Pfeffer, frisch gemahlen
50 g eiskalte Butter
200 g grüne und schwarze Oliven
1 EL Pflanzenöl (z. B. Rapsöl)
2 EL Hanföl
Butterschmalz zum Braten

Rezepte

16 Hähnchenflügel (etwa 1 kg)
200 ml Tomatenketchup
1 TL edelsüßer Paprika
Saft von 1 Zitrone
einige Tropfen Tabascosauce
4 EL Obstessig
Vollmeersalz
1 Prise Zucker
1 TL tiefgefrorene
8-Kräuter-Mischung
3 EL Butterschmalz
2–3 EL geröstete Hanfsamen,
geschrotet
1 Schalotte
1 EL Butter
100 ml Geflügelfond (aus dem
Glas)
2 TL Hanföl
etwas Cayennepfeffer
2–3 EL Zitronensaft

Hähnchenflügel mit knuspriger Hanfsamenkruste

☘ Die Hähnchenflügel trockentupfen und die dünnen Spitzen nach Belieben entfernen.

☘ Für die Marinade Tomatenketchup, Paprika, Zitronensaft, Tabascosauce, Obstessig, je 1 Prise Salz und Zucker sowie die Kräuter in einer Schüssel verrühren. Die Flügel hineinlegen; sie müssen mit der Marinade bedeckt sein. Zugedeckt 24 Stunden durchziehen lassen.

☘ Danach die Marinade von den Flügeln streifen, diese trockentupfen. Die Marinade beiseite stellen.

☘ Das Butterschmalz in einer Bratpfanne erhitzen, die Flügel portionsweise unter Wenden etwa 8–10 Minuten braten. Mit Hanfsamen bestreuen.

☘ Inzwischen die Schalotte schälen und fein würfeln. Die Butter zerlassen, die Zwiebelwürfel darin glasig dünsten.

☘ Den Geflügelfond zugießen und alles etwas einkochen. 1 TL Hanföl einrühren. Die Sauce mit Salz, Cayennepfeffer und Zitronensaft abschmecken.

☘ Die Hähnchenflügel auf Küchenpapier abtropfen lassen. Die Sauce mit 1 TL Hanföl verrühren und zu den Hähnchenflügeln reichen.

Beilage: Hanf-Kräuterbrot (siehe Seite 123) oder Stangenweißbrot.

Geflügelgerichte

Taubenbrust im Hanfmantel mit Mangold und Tomaten-Hanf-Gemüse

300 g Tomaten
400 g Mangold
1 kleine Knoblauchzehe
1 Schalotte
2 küchenfertige Tauben
Vollmeersalz
weißer Pfeffer, frisch gemahlen
4 EL Pflanzenöl (z. B. Sojaöl)
3 EL geschälte Hanfsamen
2 EL Hanföl
etwas abgeriebene Muskatnuß
1 Prise Zucker
2 EL geschälte Hanfsamen, geröstet

* Die Tomaten kreuzweise einritzen, mit kochendem Wasser überbrühen und häuten. Das Fruchtfleisch würfeln, die Stengelansätze vorher entfernen.

* Den Mangold putzen, waschen und in Streifen schneiden. Knoblauch und Schalotten schälen und fein würfeln.

* Den Backofen auf 200 Grad (Umluft 180 °C, Gas Stufe 3) vorheizen.

* Die Taubenbrüste auslösen (aus dem Rest eine Brühe kochen), mit Salz und Pfeffer würzen. 2 EL Pflanzenöl in einer großen Pfanne erhitzen. Die Taubenbrüste zuerst auf der Hautseite, dann auf der Fleischseite anbraten. Aus der Pfanne nehmen, rundherum mit Hanfsamen bestreuen, leicht andrücken und auf einen mit Backpapier ausgelegten Rost setzen. Im vorgeheizten Backofen etwa 4 Minuten braten. Herausnehmen und warm stellen.

* Schalotten- und Knoblauchwürfel in einem Topf mit 1 EL Öl bei kleiner Hitze zugedeckt dünsten. Die Mangoldstreifen zugeben und unter Wenden schmoren. $1/2$ EL Hanföl darunterziehen. Mit Salz, Pfeffer und Muskatnuß würzen.

* Das restliche Pflanzenöl in einem Topf leicht erhitzen, die Tomatenachtel darin durchschwenken, vom Herd nehmen, dann das restliche Hanföl und die Hanfsamen (bis auf

107

Rezepte

$^1/_2$ TL) zufügen und umrühren. Mit Salz, Pfeffer und Zucker würzen.

🌿 Vor dem Servieren die Taubenbrüste schräg halbieren. Jeweils etwas Mangold auf einen Teller geben, die Taubenbrüste darauf anrichten, die sautierten Tomaten zufügen und mit einigen Hanfsamen bestreuen.

Beilage: Kartoffelschnee oder Petersilienkartoffeln, mit geschälten Hanfsamen bestreut.

Geflügelgerichte

Hanf-Kokos-Huhn

✿ Das Fleisch trockentupfen, salzen und pfeffern. In heißem Pflanzenöl rundherum anbraten.

✿ Die Pfefferschoten entstielen, längs halbieren, die Kerne entfernen, die Schoten in dünne Streifen schneiden und zum Fleisch geben.

✿ Mit Kokosmilch und Geflügelfond aufgießen und etwas einkochen lassen.

✿ Die Erbsenschoten (Zuckerschoten) putzen, waschen, die Blütenansätze entfernen. Die Schoten in Salzwasser etwa 3 Minuten blanchieren, herausnehmen und eiskalt abschrecken. Dann schräg in breite Streifen schneiden.

✿ Mehl mit Hanfmehl und Crème fraîche verrühren und damit die Sauce binden. Das Gericht 5 Minuten zugedeckt schmoren.

✿ Die Erbsenschoten zugeben; mit Ingwer, Sojasauce, Salz und Pfeffer würzen und abschmecken.

✿ Vor dem Servieren mit Hanfsamen und Kokosflocken bestreuen und mit Korianderblättchen garnieren.

Beilage: Basmatireis.

Für 2–3 Portionen:
400 g Hähnchenbrustfilet
Vollmeersalz, weißer Pfeffer
2 EL Pflanzenöl (z. B. Rapsöl)
je 1 rote und grüne kleine Pfefferschote
125 ml Kokosmilch
350 g Erbsenschoten
400 ml Geflügelfond
1 EL Weizenmehl
1/2 TL Hanfmehl (ölreduziert)
200 g Crème fraîche
1 Msp Ingwerpulver
1 EL Sojasauce
2 EL geröstete Hanfsamen, geschrotet
1 EL Kokosflocken
5 Stiele frischer Koriander

Rezepte

200 g Natur-Wildreis-
Mischung
Vollmeersalz
500 g Hähnchenbrustfilet
2 EL Pflanzenöl (z. B. Rapsöl)
4 Paprikaschoten (rote, gelbe,
grüne)
1 TL Ingwerpulver
400 ml Gemüsebrühe (Instant)
400 g Weintrauben
2 EL Hanföl, kalt gepreßt
2–3 EL geröstete Hanfsamen,
geschrotet

Hähnchen-Paprika-Frikassee mit gerösteten Hanfsamen

- Die Reismischung 20 Minuten in kochendem Salzwasser garen.
- Das Hähnchenbrustfilet abspülen, trockentupfen und würfeln oder in Streifen schneiden. Das Pflanzenöl in einer Pfanne erhitzen und darin die Geflügelstücke unter Wenden langsam braten.
- Die Paprikaschoten putzen, waschen, halbieren, Stengelansätze, weiße Kerne und Trennwände entfernen. Die Schoten in dünne Streifen schneiden und zum Fleisch geben. Mit Ingwer würzen, kurz dünsten.
- Mit Gemüsebrühe auffüllen. 5 Minuten leicht köcheln lassen.
- Die Weintrauben abbrausen, abzupfen und in die Pfanne geben. Das Hanföl einrühren.
- Den Reis abtropfen lassen und mit den Hanfsamen unterheben. Pikant abschmecken und sofort servieren.

Beilage: Blattsalat mit Hanfdressing (siehe Seite 19).

Geflügelgerichte

Putenragout mit Hanfsamen und Gemüse-Eier-Pudding

✳ Die Brötchen abreiben, die Brösel auffangen, fein zerkleinern und beiseite stellen. Die abgeriebenen Brötchen in Würfel schneiden, in einer Schüssel mit Milch einweichen.

✳ Zwiebel und Knoblauch schälen und fein würfeln. Das Gemüse putzen, waschen und in sehr feine Würfel schneiden

✳ In erhitztem Pflanzenöl in einer Pfanne zugedeckt dünsten, abkühlen lassen, das Hanföl unterrühren.

✳ Die Petersilie fein hacken. Die eingeweichten Brötchenwürfel pürieren. Die Eier trennen; Eigelb, Gemüse, Petersilie und Hanfsamen unter die Brötchenmasse mischen und kräftig würzen. Eiweiß steif schlagen und unter den Brötchen-Gemüseteig heben.

✳ Diese Masse in eine mit Butter eingefettete und mit den abgeriebenen Semmelbröseln ausgestreute Puddingform (oder vier bis sechs kleine Formen) bis zu $2/3$ einfüllen; entweder mit dem passenden Deckel oder mit Alufolie verschließen. In einem Topf mit wenig Wasser auf dem Herd etwa 60 Minuten bei kleiner Hitze köcheln lassen.

✳ Für das Putenragout das Fleisch in mundgerechte Würfel schneiden und in heißem Butterschmalz rundherum anbraten. Die Schalotte schälen, fein schneiden und glasig dünsten. Salzen, mit Paprika bestäuben, nach und nach mit dem Weißwein und der Gemüsebrühe aufgießen.

✳ Die Kräuter abbrausen, trockentupfen und

Für den Pudding:
3 Brötchen (vom Vortag)
$1/8$ l Milch
1 kleine Zwiebel
1 Knoblauchzehe
je 50 g Möhren, Kohlrabi, Sellerie, Lauch, Zucchini und Champignons
1 EL Pflanzenöl (z. B. Rapsöl)
2 TL Hanföl
1 Bund glatte Petersilie
5 Eier (Gew. KL. M)
Vollmeersalz
weißer Pfeffer, frisch gemahlen
edelsüßer Paprika
Curry
2 EL geröstete Hanfsamen, geschrotet
etwas Butter zum Ausstreichen für die Form

Für das Putenragout:
500 g Putenbrust
1 EL Butterschmalz
1 Schalotte
Vollmeersalz
edelsüßer Paprika
weißer Pfeffer, frisch gemahlen
0,2 l trockener Weißwein
$1/4$ l Gemüsebrühe (Instant)
je 1 Stengel Petersilie und Thymian
1 Becher Schlagsahne (200 g)
3 EL geschälte Hanfsamen

111

Rezepte

Zum Garnieren:
frischer Kerbel

im ganzen zufügen. 20 Minuten zugedeckt schmoren. Danach die Sahne zugießen und ohne Deckel etwas einkochen lassen. Die Kräuterstiele entfernen. Die Hanfsamen unterrühren. Das Ragout abschmecken.

✤ Den Pudding mit einem spitzen Messer vom Rand lösen und auf einen Teller stürzen. Den Pudding portionsweise mit dem Ragout anrichten und mit Kerbel garnieren.

Fleischgerichte

Fleischgerichte

Lammrücken mit Hanf-Kräuterkruste

🌿 Für die Kruste die weiche Butter in einer Schüssel schaumig rühren. Die gehackten Kräuter, Hanfsamen, Semmelbrösel, zerdrückte Knoblauchzehe, Salz und Pfeffer unterheben. Auf Alufolie streichen, zu einer Rolle formen und kalt stellen.

🌿 Das Lammfleisch abspülen, trockentupfen und mit Folie bedeckt kalt stellen. Die Knochen klein hacken. Das Suppengrün putzen, waschen und grob schneiden.

🌿 Die Knochen in einem Bräter auf dem Herd erst ohne Fett rundherum anbraten, dann 2 EL Pflanzenöl, Suppengrün, Piment- und Pfefferkörner sowie Lorbeerblatt zufügen.

🌿 Im Backofen bei 240 °C (Umluft 220 °C, Gas Stufe 5) etwa 20 Minuten braten. Mit etwas Rotwein ablöschen; dann mit 1 l Wasser aufgießen. Die Temperatur verringern und bei 200 °C (Umluft 180 °C, Gas Stufe 3) weitere 3 Stunden braten. Zwischendurch restlichen Wein und Wasser nachgießen.

🌿 Den Inhalt des Bräters durch ein Sieb in einen Topf gießen. Den Bratensatz mit etwas kaltem Wasser lösen. Eventuell noch ein wenig Wasser oder Brühe nachgießen. Etwas köcheln lassen. Mit Salz, Pfeffer und Zucker abschmecken. Das Tomatenmark unterrühren.

🌿 Die ausgelösten Lammrückenstücke erneut

Für die Hanf-Kräuterkruste:
150 g weiche Butter
je 2 Stiele Petersilie,
Sauerampfer und Kerbel
4 EL geschälte Hanfsamen
1 EL Semmelbrösel
1 Knoblauchzehe, zerdrückt
Vollmeersalz
weißer Pfeffer, frisch gemahlen

Für das Fleisch:
800 g ausgelöster
küchenfertiger Lammrücken
einige Lammknochen
1 Bund Suppengrün
5 EL Pflanzenöl
(z. B. Maiskeimöl)
je 1/2 TL Piment- und
Pfefferkörner
1 Lorbeerblatt
Salz, Pfeffer
1 Prise Zucker
1 EL Tomatenmark
1 Flasche Rotwein
1 1/2 l Wasser

Außerdem:
1 EL eiskalte Butter

113

Rezepte

trockentupfen. Restliches Pflanzenöl in einer Pfanne erhitzen und darin das Fleisch etwa 6–8 Minuten braten.
- ☘ Die Hanf-Kräutermasse aus der Folie wickeln und in Scheiben schneiden, auf die Fleischstücke legen und unter dem vorgeheizten Grill im Backofen etwa 3–5 Minuten überbacken.
- ☘ Inzwischen die eiskalten Butterflöckchen in die heiße Sauce schlagen. Danach nicht mehr kochen lassen.
- ☘ Vor dem Servieren die Filets einmal schräg halbieren und mit der Sauce anrichten.

Beilage: Hanfbratlinge (siehe Seite 80).

Fleischgerichte

Rinderschmorbraten in Hanfbier

Für 8 Portionen:

✳ Das Fleisch abspülen. Brühe und Bier in einen großen Topf gießen, mit Salz und Pfeffer abschmecken. Das Fleisch hineinlegen und bei mittlerer Hitze im halboffenen Topf sieden. Geschälte Zwiebel im ganzen und das Lorbeerblatt zufügen.

✳ Inzwischen das Gemüse putzen und waschen. Möhren, Kohlrabi, Sellerie und Lauch putzen, waschen und klein schneiden. Den Wirsingkohl vierteln, dabei den Strunk herauslösen.

✳ Nach 100 Minuten das Lorbeerblatt und die Zwiebel aus der Schmorflüssigkeit nehmen.

✳ Das Gemüse und die Wirsingstücke in die Brühe geben. Weitere 5–8 Minuten köcheln lassen. Danach das Fleisch und alles Gemüse bis auf den Wirsing (der bleibt noch 3 Minuten länger in der Brühe) herausnehmen. Das Fleisch in fingerdicke Stücke schneiden und warm stellen.

✳ Von der Brühe ¹/₂ l abmessen und in einen kleinen Topf gießen. Erhitzen und die mit Weizen- und Hanfmehl verknetete Butter unterrühren. 8 Minuten köcheln lassen. Saure Sahne zugeben und schaumig schlagen. Hanfsamen unterrühren. Zum Servieren die Fleischscheiben mit Gemüse und Sauce anrichten. Vor dem Servieren mit Kerbel bestreuen.

Beilage: Salzkartoffeln.

*1 kg Rindfleisch
(Schwanzstück)
je ¹/₂ l Fleischbrühe und
Hanfbier
Vollmeersalz
schwarzer Pfeffer, frisch
gemahlen
1 Zwiebel
1 Lorbeerblatt
250 g Möhren
1 Kohlrabi
2 dünne Stangen Sellerie
1 dünne Stange Lauch
1 kleiner Wirsingkohl (500 g)
2 EL Weizenmehl
1 TL Hanfmehl
3 EL Butter
150 g saure Sahne
2 EL geschälte Hanfsamen
¹/₂ Bund Kerbel*

Rezepte

*1,2 kg Kalbfleisch
(aus der Nuß)
150 g durchwachsener
geräucherter Speck
250 g Schalotten
4 Knoblauchzehen
je 125 g Möhren und
Kartoffeln
1 Bund Petersilie
2 EL Pflanzenöl
1 Packung tiefgefrorenes
Suppengrün (50 g)
Vollmeersalz
schwarzer Pfeffer
1 kleines Lorbeerblatt
1 Zweig Thymian
1/2 l Gemüsebrühe (Instant)
1/2 l trockener Weißwein
1 EL Hanföl
3 EL geröstete Hanfsamen,
geschrotet*

Kalbsragout mit Hanfsamen

Das Kalbfleisch in 3 cm große, den Speck in sehr kleine Würfel schneiden. Schalotten und Knoblauchzehen schälen, eventuell längs halbieren.

Möhren und Kartoffeln schälen, längs vierteln und würfeln. Die Petersilie abbrausen, trockenschwenken und fein hacken.

Den Backofen auf 200 °C (Umluft 180 °C, Gas Stufe 3) vorheizen.

Das Pflanzenöl in einem Bräter erhitzen, den Speck auslassen und das Fleisch darin portionsweise anbraten. Das Suppengrün darüberstreuen. Schalotten, Knoblauchzehen und Gewürze zugeben. Brühe und Wein angießen und im vorgeheizten Backofen, auf der 2. Schiene von unten, etwa 45 Minuten garen. Zwischendurch den Bratensatz seitlich mit der Flüssigkeit loskratzen.

Dann die Möhren- und Kartoffelwürfel unterheben. Weitere 15 Minuten garen.

Vor dem Servieren Hanföl und -samen unterrühren, abschmecken und mit der Petersilie bestreut anrichten.

Beilage: Radicchio gemischt mit Frisée-Salat, mit einer Joghurt-Hanf-Salatsauce angemacht (siehe Hanf-Quark-Salatsauce, Seite 34).

Fleischgerichte

Kalbsschnitzel mit Hanfpanade und Rucola-Zucchini-Salat in Hanföl-Dressing

150 g Rucola (Rauke)
500 g Zucchini
150 g Kirschtomaten
1 Bund Frühlingszwiebeln
4 EL Pflanzenöl
1 EL Hanföl
2 EL Zitronensaft
4 Kalbsschnitzel (je 160 g)
Vollmeersalz
weißer Pfeffer, frisch gemahlen
60 g Semmelbrösel
2 EL Hanfsamen, geschrotet
2 Eier (Gew. Kl. M)
1 EL Weizenmehl zum Panieren
1 TL Hanfmehl
3 EL Butterschmalz

- Rucolasalat putzen, große Blätter halbieren, waschen und trockenschleudern. Den Salat mit Frischhaltefolie bedeckt beiseite stellen. Die Zucchini von den Enden befreien, dann in dünne Scheiben schneiden. Die Kirschtomaten halbieren. Die Frühlingszwiebeln in dünne Ringe schneiden.

- Zitronensaft, 2 EL Wasser, Salz und Pfeffer in einer Schüssel verrühren. Pflanzen- und Hanföl einrühren und die Sauce abschmecken. Zucchinischeiben, Tomatenstücke und die Zwiebelringe mit der Salatsauce mischen und darin ziehen lassen.

- Die Kalbsschnitzel trockentupfen, zwischen Klarsichtfolie legen und vorsichtig flach klopfen. Beidseitig mit Salz und Pfeffer würzen. Semmelbrösel und geschrotete Hanfsamen vermischen. Die Eier verquirlen. Weizen- und Hanfmehl mischen. Die Schnitzel erst in der Mehlmischung, dann in verquirltem Ei und schließlich in der Semmelbrösel-Hanfpanade wenden. Dabei etwas festdrücken.

- Das Butterschmalz in einer Pfanne erhitzen und die Schnitzel darin beidseitig etwa 6 Minuten bei mittlerer Hitze braten. Auf Küchenpapier abtropfen lassen.

- Rucola unter den Salat mischen und mit den panierten Schnitzeln anrichten.

Rezepte

2 Schweinenetze (beim
Metzger bestellen)
50 g getrocknete Mu-err-Pilze
2 ausgelöste Kaninchenrücken
Vollmeersalz
weißer Pfeffer, frisch gemahlen
2 EL geröstete Hanfsamen,
geschrotet
$1/4$ l trockener Weißwein

Für die Füllung:
200 g Champignons
1 kleine Zwiebel
40 g durchwachsener Speck
5 EL Pflanzenöl (z. B. Rapsöl)
4 EL tiefgefrorene 8-Kräuter-
Mischung

Für das Gemüse:
1 kleiner Rotkohl (etwa 500 g)
1 Schalotte
$1/8$ l weißer Balsam-Essig
(siehe Seite 43)
3 EL weißer Traubensaft
Vollmeersalz
weißer Pfeffer
1 TL Ahornsirup
1 EL Hanföl
3 EL geröstete Hanfsamen
2 EL geschälte Hanfsamen
150 g Crème fraîche

Gefüllter Kaninchenrücken mit Rotkohl

✺ Die Schweinenetze für 30 Minuten in kaltes Wasser legen. Die Mu-err-Pilze mit $3/8$ l heißem Wasser begießen und 15 Minuten quellen lassen.

✺ Die Kaninchenrücken abspülen, salzen, pfeffern und mit dem geschroteten Hanfsamen bestreuen.

✺ Die Champignons putzen, nur eventuell waschen und fein schneiden. Die Zwiebel schälen und sehr fein würfeln. Den Speck ebenfalls fein würfeln. 1 EL Pflanzenöl in einem Topf erhitzen, die Speckwürfel etwas auslassen und mit den Zwiebelwürfeln glasig braten. Champignons zufügen. Unter Wenden braten, bis die Flüssigkeit verdunstet ist.

✺ Die Hälfte der Kräuter unter die Champignons rühren. Die Masse salzen und pfeffern.

✺ Beide Schweinenetze auf der Arbeitsfläche ausbreiten. Die Fleischstücke darauf legen, darauf wiederum die Füllung verteilen und das Fleisch mit dem Schweinenetz aufrollen. Wie ein Paket einpacken. 2 EL Pflanzenöl erhitzen und die Kaninchenpakete darin rundherum anbraten. Mit Wein ablöschen und 25 Minuten bei mittlerer Hitze zugedeckt garen.

✺ Inzwischen den Rotkohl putzen, waschen, vierteln, den Strunk herauslösen. Die Kohlviertel in dünne Streifen schneiden oder hobeln. Die Schalotte schälen und streifig schneiden.

Fleischgerichte

- 🌿 1 EL Pflanzenöl in einem Topf erhitzen, die Schalotten- und Rotkohlstreifen darin unter Wenden anbraten, mit dem Balsam-Essig ablöschen. Dann den Traubensaft angießen, mit Salz, Pfeffer und Ahornsirup würzen.
- 🌿 Zugedeckt 5 Minuten dünsten, damit der Kohl noch bißfest ist. Danach das Hanföl und die gerösteten Hanfsamen unterheben.
- 🌿 Die Kaninchenrücken aus dem Topf nehmen und warm stellen. Die Mu-err-Pilze abtropfen lassen und klein schneiden. Im übrigen Öl in einer Pfanne anbraten, mit den restlichen Kräutern zum Bratfond geben, geschälte Hanfsamen und Crème fraîche einrühren.
- 🌿 Zum Anrichten die gefüllten Kaninchenrücken in gut fingerdicke Scheiben schneiden und mit der Sauce und dem Rotkohlgemüse anrichten. Mit getrockneten Apfelchips garnieren.

Beilage:
Hanfnudeln (siehe Seite 92 oder fertig gekauft).

Zum Garnieren:
12 getrocknete Apfelchips
(aus dem Reformhaus)

Rezepte

300 g Langkornreis
2 EL Butterschmalz
1/2 TL Nelkenpfeffer (Piment)
1 Msp Kardamom
1 kleines Stück Zimtstange
knapp 1/2 l Fleischbrühe
(Instant)
600 g Lammfleisch aus der
Keule
Vollmeersalz
weißer Pfeffer, frisch gemahlen
1 EL Hanföl
1 Bund glatte Petersilie,
gehackt
125 g Rosinen
3 EL geröstete
Mandelblättchen
4 EL geschälte Hanfsamen
1 Becher Sahnejoghurt

Lammpilaw mit Hanfsamen

🌿 Den Reis in einem Sieb kalt abspülen und abtropfen lassen. 1 EL Butterschmalz in einem Topf erhitzen und darin den Reis glasig dünsten. Nelkenpfeffer, Kardamom und Zimt zufügen. Mit Brühe aufgießen. Zugedeckt bei kleiner Hitze etwa 20 Minuten garen.

🌿 Das Fleisch trockentupfen und in nicht zu kleine Würfel schneiden. Restliches Butterschmalz in einem Topf erhitzen, Fleischwürfel darin rundherum anbraten. Mit Salz und Pfeffer bestreuen. Mit 1/4 l heißer Brühe aufgießen, zugedeckt 20 Minuten garen. Hanföl einrühren.

🌿 Das Fleisch unter den fertigen Reis heben. Petersilie, Rosinen und je 3 EL Mandelblättchen sowie die gerösteten, geschroteten Hanfkörner unterheben.

🌿 Vor dem Servieren den Joghurt über das Gericht gießen und mit den restlichen Hanfsamen bestreut anrichten.

Beilage: Feldsalat mit Hanföl-Dressing (siehe Seite 19).

Brot und Gebäck

Hanf-Zwiebelbrot

🌿 Die Hefe zerbröckeln und in dem lauwarmen Wasser auflösen. Weizen- und Hanfmehl, Zucker, Salz und weiche Butter oder Margarine mit der aufgelösten Hefe zu einem glatten Teig verarbeiten. Zugedeckt an einem warmen Ort zur doppelten Größe aufgehen lassen.

🌿 Dann den Teig zusammenschlagen und mit bemehlten Händen erneut gut verkneten. Die Röstzwiebeln darunterarbeiten. Den Teig zu einem runden oder länglichen Brot formen.

🌿 Auf ein mit Backpapier ausgelegtes Backblech setzen. Das Brot mit in Wasser verrührtem Eigelb bestreichen.

Tipp:
Daß das Brot ausgebacken ist, erkennen Sie daran, daß es hohl klingt, wenn Sie mit dem Fingerknöchel auf seine Unterseite klopfen.

40 g Hefe
$^1/_4$ l Wasser
400 g Weizenvollkornmehl
(Type 550)
100 g Hanfmehl (ölreduziert)
1 TL Zucker
1 TL Salz
50 g Butter oder Margarine
3 EL Röstzwiebeln, getrocknet
1 Eigelb
1 EL Wasser

Rezepte

Für den Teig:
1 Würfel Hefe (42 g)
225 ml lauwarmes Wasser
320 g Weizenmehl
80 g Hanfmehl (ölreduziert)
2 EL Pflanzenöl
(z. B. Sonnenblumenöl)
1 Ei (Gew. KL. M)
1/2 TL Vollmeersalz
3–4 EL geröstete Hanfsamen,
geschrotet

Außerdem:
Mehl zum Ausrollen
Margarine zum Einfetten

Hanf-Hefe-Brot

🌿 Die Hefe zerbröckeln und in dem lauwarmen Wasser auflösen. Mehl, Öl, Ei, Salz und aufgelöste Hefe in einer Schüssel zu einem glatten Teig verarbeiten. Zugedeckt an einem warmen Ort zur doppelten Größe aufgehen lassen.

🌿 Mit etwas Weizenmehl bestäuben und nochmals gut durchkneten. Erneut abgedeckt an einem warmen Ort zugedeckt gehen lassen.

🌿 Danach wieder mit etwas Mehl bestäuben und durchkneten. Die Hanfsamen in den Teig einarbeiten. Den Teig anschließend zu einer etwa 20 cm langen Rolle formen.

🌿 Eine Kastenform von 20 cm Länge leicht einfetten, den Teig hineinlegen. Obenauf schräg einkerben. Nochmals 10 Minuten gehen lassen.

🌿 Dann in den vorgeheizten Backofen, 2. Schiene von unten, schieben und 30 Minuten backen.

Tipp:
Diesem Teig sollten Sie nichts beifügen; das Brot schmeckt so typisch und angenehm nach Hanf, vor allem, wenn Sie die Brotscheiben mit gesalzener Butter bestreichen.

Brot und Gebäck

Hanf-Kräuterbrot

🌿 Roggenmehl, Weizenvollkornschrot, Hanf-mehl und Salz in einer Schüssel vermischen.

🌿 Die zerbröckelte Hefe mit dem lauwarmen Wasser verrühren und zusammen mit der Margarine und den Hanfkörnern zum Mehl geben. Alles zu einem glatten Teig verkneten. An einem warmen Ort bis zur doppelten Größe gehen lassen.

🌿 Den Backofen auf 200 °C (Umluft 180 °C, Gas Stufe 3) vorheizen.

🌿 Die Kräuter unter den Teig kneten. Zwei Laibe formen, auf ein gefettetes Backblech setzen und mit Milch bestreichen. Nochmals gehen lassen.

🌿 Dann in den vorgeheizten Backofen, 2. Schie-ne von unten, schieben und 35–40 Minuten backen.

Tipp:
Wer mag, kann auch je 1 EL grob gemahlenen Fenchel und Korianderpulver unterkneten. So wird daraus ein Hanf-Gewürzbrot.

180 g Roggenmehl (Type 1150)
180 g Weizenvollkornschrot
120 g Hanfmehl (ölreduziert)
1 EL Salz
25 g zerbröckelte Hefe
350 ml lauwarmes Wasser
50 g Margarine
1 EL geröstete Hanfsamen,
geschrotet
3 EL getrocknete Kräuter
(Rosmarin und Thymian)
Milch zum Bestreichen

Rezepte

30 g Hefe
$^1/_8$ l lauwarmes Wasser
300 g Weizenmehl (Type 550)
75 g Hanfmehl
$^1/_2$ TL Zucker
1 TL Salz
50 g Butter oder Margarine
5 EL geschälte Hanfsamen,
geröstet
2 EL Sesam

Hanfbrot mit Hanf- und Sesamsamen

☘ Hefe im lauwarmen Wasser auflösen. Weizen- und Hanfmehl, Zucker, Salz, weiche Butter oder Margarine in einer Schüssel verrühren und mit der Hefe zu einem glatten Teig verkneten.

☘ Zugedeckt an einem warmen Ort 30 Minuten gehen lassen, bis sich der Teig etwa verdoppelt hat. Danach mit bemehlten Händen erneut gut verkneten und 3 EL geröstete Hanfsamen unterkneten. Einen länglichen Laib formen und auf ein mit Backpapier ausgelegtes Backblech setzen. Nochmals 20 Minuten gehen lassen.

☘ Den Backofen auf 200 °C (Umluft 180 °C, Gas Stufe 3) vorheizen.

☘ Das Brot mit Wasser bestreichen und mit Sesam- und den restlichen Hanfsamen bestreuen. Mit einem scharfen Messer die Oberfläche einige Male schräg einschneiden.

☘ Das Blech in den vorgeheizten Backofen, 2. Schiene von unten, schieben und das Brot ca. 35 Minuten backen.

Brot und Gebäck

Hanf-Brötchen

Für 10 Brötchen:

* Den gemahlenen Weizen oder das Vollkornmehl in einer Schüssel mit dem Hanfmehl mischen. In die Mitte eine Mulde drücken. Die zerbröckelte, mit Wasser, Salz und Hanföl verrührte Hefe zufügen.

* Mit den Knethaken des Handrührgeräts erst auf kleinster, dann auf höchster Schaltstufe zu einem glatten Teig verarbeiten.

* Den Teig zugedeckt bei Raumtemperatur gehen lassen, bis sich sein Volumen verdoppelt hat.

* Dann nochmals durchkneten und zwei Rollen formen, jeweils in fünf Abschnitte teilen und daraus mit leicht bemehlten Händen Brötchen formen.

* Die Brötchen auf ein mit Backpapier ausgelegtes Backblech setzen. Obenauf mit Wasser bestreichen und mit Hanfsamen bestreuen. Noch einmal abgedeckt 30 Minuten gehen lassen.

* Den Backofen auf auf 200 °C (Umluft 180 °C, Gas Stufe 3) vorheizen.

* Im vorgeheizten Ofen auf mittlerer Schiene 12 bis 15 Minuten backen.

Tipp:
Es können auch zusätzlich noch Sesamsamen-, Sonnenblumenkerne und Mohn verwendet werden.

400 g frisch gemahlener Weizen (ersatzweise Weizenvollkornmehl Type 1700)
100 g Hanfmehl (ölreduziert)
1 Würfel frische Hefe (42 g)
350 ml Wasser
1 gestrichener TL Salz
1 EL Hanföl
2–3 EL geschälte Hanfsamen, geröstet

Außerdem:
etwas Mehl zum Formen
Backpapier

125

Rezepte

200 g Weizenvollkornmehl
50 g Hanfmehl (ölreduziert)
1 Msp Backpulver
150 g brauner Zucker
1 Prise Vollmeersalz
250 g zimmerwarme Butter
oder Margarine
1 Ei (Gew. KL. M)
200 g Aprikosenkonfitüre
3 EL Wasser
150 g geschälte Hanfsamen,
geröstet
100 g gehackte
Sonnenblumenkerne
evtl. 200 g Kuvertüre
(Vollmilch oder Halbbitter)

Hanf-Sonnenblumen-Ecken

- Weizen- und Hanfmehl, Backpulver, 50 g Zucker und Salz mischen.
- In einer Schüssel 125 g Butter oder Margarine und das Ei weiß-cremig schlagen. Die Mehlmischung zugeben und alles zu einem glatten Teig verarbeiten.
- Den Teig auf einem gefetteten Backblech zu einem etwa 20 cm x 30 cm großen Rechteck ausrollen.
- Die Aprikosenkonfitüre mit etwas heißem Wasser verrühren und die Teigoberfläche damit bestreichen.
- Den Backofen auf 200 °C (Umluft 200 °C, Gas Stufe 3) vorheizen.
- Restliche Butter oder Margarine, 100 g Zucker und das Wasser aufkochen und etwas abkühlen lassen. Hanfsamen und Sonnenblumenkerne einrühren und gleichmäßig über den aprikotierten Teig verteilen.
- Das Blech in den vorgeheizten Backofen, mittlere Schiene, schieben und den Teig etwa 15–18 Minuten backen. Die Kuchenplatte zuerst in etwa 5 cm breite Streifen, dann in Dreiecke schneiden und abkühlen lassen.
- Die Kuvertüre im Wasserbad schmelzen und die Seiten beliebig vieler Dreiecke eintauchen. Auf einem Kuchengitter trocknen lassen.

Tipp:
Sie können den Teig auch direkt auf einem Blatt Backpapier ausrollen und anschließend auf das Blech gleiten lassen.

Brot und Gebäck

Hanf-Vollkornkekse

- Butter oder Margarine, Zucker, das Mark der Vanilleschote und die Eier in einer Schüssel schaumig schlagen.
- Weizen- und Hanfmehl, die Hanfsamen, Backpulver und Zimt mischen.
- Den Backofen auf 200 °C (Umluft 180 °C, Gas Stufe 3) vorheizen.
- Mit 2 Teelöffeln kleine Häufchen abstechen und nicht zu dicht auf ein mit Backpapier ausgelegtes Blech setzen. Mit einem Messer etwas flach drücken.
- In den vorgeheizten Backofen, mittlere Schiene, schieben und etwa 10–12 Minuten backen.
- Für den Zitronenguß den gesiebten Puderzucker nur mit so viel Zitronensaft verrühren, daß eine dickflüssige Masse entsteht. Die fertigen Plätzchen noch warm damit bestreichen, danach trocknen lassen.

Tipp:
Wer mag, kann die Plätzchen auch sofort nach dem Backen in der Mitte oder ganz mit 2 EL verrührter Aprikosenkonfitüre garnieren.

100 g Butter oder Margarine
125 g brauner Zucker
1 Vanillestange
2 Eier (Gew. KL. M)
200 g Weizenmehl (Type 1700)
50 g Hanfmehl (ölreduziert)
30 g geschälte Hanfsamen, geröstet
1 TL Backpulver
1 TL Zimt

Für den Zitronenguss:
250 g Puderzucker
2–4 EL Zitronensaft

Rezepte

Für den Teig:
240 g Weizenmehl (Type 1050)
60 g Hanfmehl (ölreduziert)
80 g brauner Zucker
100 g Butter oder Margarine
1 Prise Vollmeersalz
1 Ei (Gew. KL. M)

Für den Belag:
750 g Zwetschgen
2 EL Schmand
120 g Weizenmehl (Type 550)
30 g Hanfmehl (ölreduziert)
1/4 TL Zimt
1 Prise Vollmeersalz
60 g Butter oder Margarine
40 g brauner Zucker

Außerdem:
Weizenmehl zum Ausrollen.
Puderzucker zum Bestäuben

Zwetschgen-Hanf-Kuchen mit Streuseln

- Weizen- und Hanfmehl, Zucker, Butter oder Margarine, Salz und das Ei in einer Schüssel zu einem glatten Teig verarbeiten. Kalt stellen.
- Den Backofen auf 220 °C (Umluft 200 °C, Gas Stufe 4) vorheizen.
- Danach den Teig auf leicht bemehlter Fläche 1/2 cm dick ausrollen und den Boden und Rand einer Springform (28 cm Durchmesser) damit auskleiden.
- Im vorgeheizten Backofen, 2. Schiene von unten, 15 Minuten backen.
- Inzwischen die Zwetschgen abspülen, trockentupfen und entsteinen.
- Den abgekühlten Boden mit Schmand bestreichen. Die Zwetschgen schuppenartig darauf verteilen.
- Weizen- und Hanfmehl, Zimt, Salz, Fett und Zucker in einer Schüssel mischen, mit einer Gabel Streusel formen und diese über die Zwetschgen verteilen.
- Den Kuchen in den vorgeheizten Backofen, untere Schiene, schieben und noch 30 Minuten backen.
- Vor dem Servieren mit Puderzucker bestäuben.

Brot und Gebäck

Kirsch-Hanf-Torte mit Honig-Sahneguß

- Alle Teigzutaten in einer Schüssel oder auf der Arbeitsfläche zu einem Mürbeteig verarbeiten. Etwa 60 Minuten ruhen lassen.

- Den Backofen auf 220 °C (Umluft 200 °C, Gas Stufe 3–4) vorheizen.

- Eine Pieform (26 cm Durchmesser) einfetten. Den Teig ausrollen, die Form damit auskleiden und einen Rand hochziehen. Mit einer Gabel den Teig einstechen und im vorgeheizten Ofen ca. 10 Minuten vorbacken.

- Für den Belag die Kirschen abtropfen lassen, die gerösteten, geschroteten Hanfsamen gleichmäßig auf den Boden streuen, die Kirschen darüber verteilen. Mit den geschälten, gerösteten Hanfsamen bestreuen.

- Für den Guß die Eier, Honig, Speisestärke, Lebkuchengewürz und saure Sahne verquirlen und über die Kirschen ziehen. Die Torte in den vorgeheizten Backofen, untere Schiene, schieben und etwa 25–30 Minuten backen, bis die Eiersahne gestockt ist.

Für den Teig:
160 g Weizenvollkornmehl
(Type 1700)
40 g Hanfmehl (ölreduziert)
60 g brauner Zucker
1 Prise Salz
1 TL Backpulver
125 g Butter oder Margarine
1 Ei (Gew. Kl. M)

Für den Belag:
1 Dose Sauerkirschen
(480 g Abtropfgewicht)
3 EL geröstete Hanfsamen, geschrotet
3 EL geschälte Hanfsamen, geröstet

Für den Guss:
3 Eier (Gew. KL. M)
3 EL flüssiger Honig
1 EL Speisestärke
1/2 TL Lebkuchengewürz
200 g stichfeste saure Sahne

Außerdem:
Fett für die Form

Rezepte

Für den Teig:
100 g Butter oder Margarine
100 g brauner Zucker
2 Eier (Gew. Kl. M)
100 g Weizenmehl (Type 1050)
25 g Hanfmehl (ölreduziert)
1 TL Backpulver
¼ TL Zimt

Für den Belag:
1 Dose Aprikosen
(480 g Abtropfgewicht)
3 EL geschälte Hanfsamen,
geröstet
2 Eier (Gew. KL. M)
75 g brauner Zucker
250 g Speisequark
(Magerstufe)
100 g Schmand
50 g geschälte Hanfsamen,
geröstet

Außerdem:
Puderzucker

Hanf-Torte mit Aprikosen und Quark

🌿 Für den Teig Butter oder Margarine, braunen Zucker und die Eier in einer Schüssel schaumig schlagen. Weizen- und Hanfmehl mit Backpulver mischen und unterrühren. Eine gefettete Springform (23 cm Durchmesser) mit dem Teig auslegen, dabei einen Rand formen.

🌿 Die Aprikosen abtropfen lassen und auf dem Teig verteilen. Mit 3 EL geschälten, gerösteten Hanfsamen bestreuen.

🌿 Den Backofen auf 180 °C (Umluft 160 °C, Gas Stufe 2–3) vorheizen.

🌿 Für den Guß die Eier, Zucker, Speisequark, Schmand und 50 g Hanfsamen verquirlen und über die Aprikosen ziehen. Die Form in den vorgeheizten Backofen, 2. Schiene von unten, schieben und die Torte etwa 40 bis 45 Minuten backen.

🌿 Danach den Rand mit einem spitzen Messer lockern, den Kuchen auskühlen lassen. Eventuell von der Springformplatte lösen.

🌿 Vor dem Servieren mit Puderzucker bestäuben.

Tipp:
Statt der Aprikosen können Sie auch 600 g säuerliche Äpfel verwenden.

Brot und Gebäck

Hanf-Napfkuchen mit Quark

- Die weiche Butter in einer Schüssel schaumig rühren. Nach und nach Zucker, Salz, Zitronenschale und die Eier einrühren. Eßlöffelweise den Quark und das mit Backpulver gemischte Weizen- und Hanfmehl – bis auf 1 EL – unterrühren.
- Den Backofen auf 180 °C (Umluft 160 °C, Gas Stufe 3) vorheizen.
- Dann die mit restlichem Mehl vermischten Sultaninen, die Milch und die Hanfsamen unterheben.
- Den Teig in eine mit Semmelbröseln oder Grieß ausgestreute Napfkuchenform füllen.
- In den vorgeheizten Backofen, unterste Schiene, stellen und etwa 70 Minuten backen.
- Danach aus dem Backofen nehmen, nach 8–10 Minuten auf ein Kuchengitter stürzen und auskühlen lassen. Mit Puderzucker bestäuben.

125 g zimmerwarme Butter
130 g Zucker
1 Prise Vollmeersalz
abgeriebene Schale von ¹/₂ Zitrone
4 Eier (Gew. Kl. M)
250 g Quark (10 % Fett i. Tr.)
300 g Weizenmehl (Type 550)
75 g Hanfmehl
1 Päckchen Backpulver
2–3 EL Milch
100 g Sultaninen
3 EL geschälte Hanfsamen, geröstet

Außerdem:
Semmelbrösel oder Grieß zum Ausstreuen
Puderzucker zum Bestäuben

131

Rezepte

125 g zimmerwarme Butter oder Margarine
100 g brauner Zucker
Mark von 1 Vanilleschote
2 Eigelb (Gew. KL. M)
1 EL Milch
250 g Hanf-Müsli (Fertigprodukt)
oder 200 g herkömmliches Müsli und 2 EL geschälte Hanfsamen, geröstet
2 EL geröstete Hanfsamen, grob geschrotet
1 TL Backpulver
3 Eiweiß (Gew. KL. M)
1 Eigelb (Gew. KL. M)

Außerdem:
Puderzucker

Hanf-Müsli-Würfel

- Butter oder Margarine, Zucker, Vanillemark, Eigelb und Milch in einer Schüssel schaumig schlagen.
- Das Müsli und die Hanfsamen mischen und unterrühren.
- Das Eiweiß in einer Schüssel schnittfest schlagen und unter die Teigmasse heben.
- Den Teig in einem Rechteck von ca. 20 cm x 30 cm auf ein leicht gefettetes Backblech streichen.
- Den Backofen auf 200 °C (Umluft 180 °C, Gas Stufe 2–3) vorheizen.
- Das Eigelb mit 2 TL Wasser verrühren und damit die Teigoberfläche bestreichen. Das Blech in den vorgeheizten Backofen, mittlere Schiene, schieben und den Teig etwa 15 Minuten backen.
- Das Gebäck abkühlen lassen und in 4–5 cm große Quadrate schneiden.
- Vor dem Anrichten mit Puderzucker bestäuben.

Desserts

Hanfwaffeln

- Weizen- und Hanfmehl in einer Schüssel mischen; Backpulver, Zucker, Vanillezucker und Salz zufügen. Darauf die zerlassene, nicht mehr warme Butter, die Eier und das Wasser geben.
- Mit dem Handrührgerät (Schneebesen) zunächst auf kleiner, dann auf höchster Schaltstufe alles verrühren. 10 Minuten ruhen lassen.
- Das Waffeleisen eventuell (je nach Modell) mit etwas Butterschmalz einfetten. Den Teig portionsweise auf der Backfläche verteilen und die Waffeln kroß backen.

Beilage: Erdbeer-Joghurt mit gerösteten Hanfsamen, wahlweise auch Sanddornmus oder Quittenkompott.

160 g Weizenmehl
40 g Hanfmehl
$^1/_2$ TL Backpulver
100 g Zucker
1 Päckchen Vanillezucker
1 Prise Salz
200 g Butter, flüssig
4 Eier (Gew. Kl. M)
gut 1 EL Wasser

Außerdem:
etwas Butterschmalz nach Bedarf
Puderzucker zum Bestäuben

Rezepte

Ergibt 8 Stück

Für den Teig:
2 Eier
1 Eigelb (Gew. Kl. M)
1 Prise Salz
¹/₄ l Milch
55 g Weizenmehl
15 g Hanfmehl
2 EL flüssige Butter
Butterschmalz zum Braten

Für die Füllung:
8 EL Schoko-Nougat-Aufstrich
mit gerösteten Hanfsamen
(z. B. Hanoka)
1 EL lauwarme Milch oder
Schlagsahne

Crêpes mit Schoko-Nougat-Füllung

* Eier, Eigelb, etwas Milch und Salz verquirlen, das Weizen- und Hanfmehl nach und nach mit der restlichen Milch unterrühren.

* Die flüssige Butter einrühren und den Teig 45 Minuten ruhen lassen.

* In einer Pfanne wenig Butterschmalz erhitzen. Mit einer kleinen Kelle etwas Crêpeteig in die Pfanne (16 cm Durchmesser) geben. Mit Drehbewegungen den Teig rundum verteilen.

* Die Crêpes bei mittlerer Hitze hellbraun backen. Mit Hilfe einer Palette oder mit gekonntem Schwung wenden und auch auf der zweiten Seite hellbraun braten.

* Auf diese Art auch die anderen Crêpes backen. Die bereits gebackenen Crêpes auf einem Teller im Backofen bis zum Servieren warm halten.

* Die weiche Schoko-Nougat-Masse mit Milch oder Sahne verrühren. Die Füllung (bis auf 1 EL) auf die Crêpes streichen und aufrollen. Mit restlicher Schoko-Nougatmasse garnieren.

Beilage: Vanille-Eiscreme.

Desserts

Erdbeer-Joghurt mit gerösteten Hanfsamen

500 g reife Erdbeeren
600 g milder Joghurt
4 EL geschälte Hanfsamen, geröstet

🌿 Die Erdbeeren abbrausen, gut trockentupfen, die Stiele und Kelchblättchen entfernen. Die Früchte halbieren oder vierteln und in eine Schüssel geben. Zugedeckt 10 Minuten stehen lassen.

🌿 Vor dem Anrichten die Früchte vorsichtig mit dem Joghurt vermischen und jede Portion mit gerösteten Hanfsamen bestreuen.

Beilage: Hanfwaffeln (siehe Seite 133).

Rezepte

750 g Speisequark (Topfen)
3 Eier (Gew. KL. M)
1 Prise Salz
abgeriebene Schale von
1 unbehandelten Zitrone
160 g Weizenmehl
40 g Hanfmehl (ölreduziert)
170 g geschälte Hanfsamen,
geröstet
3–4 EL Kartoffelmehl

Außerdem:
2 l Wasser
1 Prise Salz
50 g Butter
1 EL Semmelbrösel

Topfen-Hanf-Knödel mit Brösel-Hanf-Butter

- Den Quark in einem Tuch auf einem Sieb abtropfen lassen und auspressen. Mit Eiern, Salz, Zitronenschale, Weizen- und Hanfmehl zu einem Teig verarbeiten, zu einer Rolle formen und in 12 Stücke teilen.

- Jeweils ein Stück Teig auf die Handfläche legen, etwa 1 EL Hanfsamen darauf geben. Den Teig mit angefeuchteten Händen um die Hanfsamen drücken und zu einem Kloß formen. Der Teig ist weich, hält jedoch beim Kochen zusammen: Das Kartoffelmehl auf einen großen flachen Teller geben und jeden Kloß darin wenden.

- Wasser mit Salz in einem großen Topf aufkochen, die Klöße einlegen, den Deckel spaltbreit geöffnet draufsetzen und die Klöße etwa 10–15 Minuten gar ziehen lassen.

- Inzwischen die Butter erhitzen, die Semmelbrösel darin bräunen, die Hanfsamen einrühren.

- Die Klöße beim Essen mit zwei Gabeln auseinanderreißen und die Brösel-Hanf-Butter darübergeben.

Beilage: Gedünstete Zwetschgen, mit geschälten Hanfsamen und Zimt vermischt.

Desserts

Lebkuchen-Hanf-Soufflé mit zwei Saucen

🌿 Den Backofen auf 180 °C (Umluft 160 °C, Gas Stufe 2–3) vorheizen.

🌿 Den Lebkuchen in kleine Stücke schneiden, mit den Fingern zerbröseln, mit Portwein beträufeln und gut mischen. Butter, Eigelb und Zucker in einer Schüssel schaumig schlagen. Geriebene Schokolade, Lebkuchen, Hanfsamen und das Lebkuchengewürz unterheben.

🌿 Das Eiweiß mit Salz in einer Schüssel schnittfest schlagen und portionsweise unter die Lebkuchenmasse ziehen.

🌿 Vier Timbaleförmchen (oben etwa 8 cm Durchmesser) ausbuttern und zur Hälfte mit der Masse füllen. Die Förmchen in eine Fettpfanne setzen, kochendes Wasser bis zur halben Höhe zugießen. Im Backofen, untere Schiene, etwa 30 Minuten garen.

🌿 In der Zwischenzeit die Milch für die Vanillesauce mit dem ausgekratzten Vanillemark und der aufgeschlitzten Schote im Topf 10 Minuten bei kleiner Hitze ziehen lassen. Dann die Vanilleschote entfernen.

🌿 Milch und Zucker erhitzen. Nach und nach das verrührte Eigelb unterschlagen. Erneut erhitzen, bis die Sauce sämig wird. Keinesfalls kochen, dann abkühlen lassen.

🌿 Für die Hagebuttensauce das Hagebuttenmark glattrühren und 2 EL Hanfsamen unterrühren.

🌿 Vor dem Anrichten die Timbaleförmchen auf ein mit Zucker bestreutes Geschirrtuch stür-

Für das Soufflé:
150 g Lebkuchen
20 ml weißer Portwein
50 g Butter
3 Eigelb (Gew. Kl. M)
15 g brauner Zucker
25 g Hanf-Vollmilch-
Schokolade mit Hanfsamen
30 g geschälte Hanfsamen,
geröstet
1 Msp Lebkuchengewürz
3 Eiweiß (Gew. Kl. M)
1 gute Msp Salz

Für die Vanillesauce:
1/4 l Milch
1/2 Vanilleschote
2 EL Zucker
2 Eigelb (Gew. Kl. M)

Für die Hagebutten-Sauce:
1/2 Glas Hagebutten-Mark
(aus dem Reformhaus)
4 EL geschälte Hanfsamen,
geröstet

Außerdem:
Butter zum Einfetten
1 Dose Cherry-Äpfel (kleine
Äpfelchen mit Stiel, gibt es in
Feinkostgeschäften)
Streuzucker
Puderzucker
kochendes Wasser für die
Fettpfanne

Rezepte

zen, vorsichtig wenden und auf die Dessertteller setzen. Die Saucen nebeneinander auf die Teller gießen. Mit einem Hölzchen von der einen Sauce zur anderen kleine Schlieren ziehen. Die abgetropften Äpfelchen dekorativ dazulegen. Alles hauchdünn mit Puderzucker bestäuben und mit den restlichen Hanfsamen bestreuen.

Tipp:
Statt geschälte, geröstete Hanfsamen können Sie auch geröstete und fein geschrotete Hanfkörner verwenden.

Desserts

Brombeermousse mit Hanfkrokant

Für die Mousse:
5 Blatt weiße Gelatine
500 g Brombeeren (frisch oder
tiefgefroren)
1 Vanilleschote
350 ml Milch
3 Eigelb
100 g Zucker
300 g Schlagsahne

Für den Hanfkrokant:
125 g Zucker
3 EL geschälte Hanfsamen,
geröstet

Außerdem:
4 Pfefferminzblättchen

- Die Gelatine in kaltem Wasser einweichen. Die Brombeeren (bis auf 4 schöne Früchte) pürieren und durch ein Sieb streichen.
- Die Vanilleschote aufschlitzen und das Mark herauskratzen. Beides in der Milch aufkochen. Dann die Schote herausnehmen.
- Eigelbe mit Zucker weiß-cremig schlagen. Die heiße Milch langsam zu der Ei-Zuckermasse rühren. Die ausgedrückte Gelatine zufügen und darin auflösen. Die Masse im kalten Wasserbad (mit Eiswürfeln vermischt) kalt schlagen.
- Zwei Drittel des Brombeerpürees in die Milch-Eimasse rühren, das restliche Püree kalt stellen. Die Sahne steif schlagen.
- Sobald die Creme fest zu werden beginnt, die Sahne unterheben.
- Die Brombeer-Creme in eine Schüssel füllen und 2 Stunden kühl stellen. Ein Backblech mit Backpapier auslegen.
- Den Zucker in einem Töpfchen auf kleiner Flamme so lange unter ständigem Rühren erhitzen, bis der Zucker schmilzt und hellbraun ist. Vom Herd nehmen und die geschälten, gerösteten Hanfsamen einrühren.
- Die Krokantmasse auf Backpapier schnell dünn verstreichen. Sobald die Masse fest ist, in Stücke brechen oder hacken.
- Von der Brombeermousse mit zwei Eßlöffeln jeweils drei Nocken abstechen und auf Dessertteller setzen. Restliches Brombeerpüree dazugeben. Mit Krokant und Pfefferminzblättchen garniert anrichten.

Rezepte

$^1/_4$ l Schlagsahne
2 Eiweiß (Gew. Kl. M)
2 EL flüssiger Honig
(z. B. Blütenhonig)
2 Eigelb (Gew. Kl. M)
3 säuerliche Äpfel
(z. B. Jonathan)
Saft und Schale von
1 unbehandelten Zitrone
Honig zum Süßen je nach
Geschmack
100 g geschälte Hanfsamen,
geröstet
1–2 EL Calvados
1 Prise Zimt

Außerdem:
2 Bananen
etwas Butter
3 EL geschälte Hanfsamen,
geröstet zum Bestreuen

Apfel-Hanf-Parfait

✻ Schlagsahne und Eiweiß getrennt steif schlagen. 1 EL Honig unter die Sahne rühren. Eigelb mit restlichem Honig steif schlagen.

✻ Die Äpfel waschen, vierteln, das Kerngehäuse entfernen. Die Apfelstücke in Scheiben schneiden. Zusammen mit Zitronensaft und -schale sowie Honig im Mixer pürieren. Die Hanfsamen unterrühren. Mit Calvados und Zimt abschmecken.

✻ Erst die Eigelb-, dann die Eiweißmasse unter das Apfelpüree heben. In eine mit Alufolie ausgelegte Kastenform ($^1/_2$–1 l Inhalt) füllen und im Tiefkühler etwa 3 Stunden einfrieren.

✻ Vor dem Servieren das Parfait mit Hilfe der Folie herausheben und mit einem scharfen Messer in fingerbreite Scheiben schneiden.

Beilage: In Butter gebratene Bananenhälften, mit gerösteten Hanfsamen bestreut.

Desserts

Hanf-Schokoladen-Mousse

- Die Schokolade mit 5 EL Wasser in einer Schüssel im Wasserbad auf dem Herd unter ständigem Rühren schmelzen.
- Eigelb, Pulverkaffee und Vanillezucker verrühren. Langsam in die lauwarme Schokolade rühren.
- Schlagsahne und Eiweiß getrennt steif schlagen. Die Sahne – etwas zum Garnieren zurücklassen – portionsweise unter die Schokoladenmasse ziehen.
- Dann den Eischnee unter die Schokoladenmasse heben. Im Kühlschrank durchkühlen lassen.
- Zum Servieren mit Hanfsamen bestreuen.

2 Tafeln (200 g) Vollmilch-Hanf-Schokolade (z. B. Crunch Chocolate)
5 Eigelb (Gew. Kl. M)
2 TL Pulverkaffee
1 Päckchen Vanillezucker
1/8 l Schlagsahne
5 Eiweiß (Gew. Kl. M)
4 EL geschälte Hanfsamen, geröstet

Zum Garnieren:
3 EL geschälte Hanfsamen, geröstet

Rezepte

3 Blatt weiße Gelatine
1 Vanilleschote
$^1/_4$ l Milch
4 Eigelb (Gew. Kl. M)
100 g Puderzucker
$^1/_4$ l Schlagsahne
8 EL geschälte Hanfsamen,
geröstet

Hanfsamen-Creme

- Die Gelatine in kaltem Wasser einweichen.
- Die Vanilleschote aufschlitzen, das Vanille-mark herauskratzen. Milch mit Vanillemark und -schote in einem Topf aufkochen. Dann die Vanilleschote rausnehmen.
- Eigelb und Puderzucker in einer Schüssel schaumig rühren. Die Milch unter Rühren zugießen. Die Creme bei milder Hitze im Wasserbad auf dem Herd mit dem Hand-rührgerät (Schneebesen) dicklich schlagen.
- Dann die gut ausgedrückte Gelatine blatt-weise zugeben und unterrühren. Vollkom-men auflösen.
- Den Topf in ein kaltes Wasserbad stellen und so lange rühren, bis die Creme zu gelieren beginnt.
- Die Schlagsahne steif schlagen und – bis auf eine kleine Menge zum Garnieren – mit 7 EL Hanfsamen unter die Creme ziehen.
- Die Creme kühl stellen. Zum Servieren mit der restlichen Sahne garnieren mit den übri-gen Hanfsamen bestreuen.

Desserts

Hanf-Wein-Gelee mit Zitronenmelisse

- Die Gelatine in kaltem Wasser einweichen.
- Wasser und Zucker in einem Topf leicht ankochen, bis sich der Zucker aufgelöst hat.
- Die Gelatine ausdrücken und in der warmen Flüssigkeit auflösen. Weißwein und Hanf-Sirup zugießen und abschmecken.
- Die Zitronenmelisse abbrausen, trockentupfen und die Blättchen fein schneiden.
- Sobald die Flüssigkeit zu gelieren beginnt, die Zitronenmelisse unterrühren. Die Geleeflüssigkeit in eine Schüssel oder mehrere kleine Portionsformen füllen und im Kühlschrank erstarren lassen.
- Vor dem Servieren mit Sahnetupfen garnieren.

Tipps:
Zur Abwechslung gedünstete Früchte einschichten. Dazu die Hälfte der Flüssigkeit in einer Schüssel fest werden lassen, mit gedünstetem Obst belegen, mit restlicher Flüssigkeit begießen, erneut kühl stellen und völlig erstarren lassen.
Hanf-Sirup besitzt eine sehr feine Säure, deshalb braucht kein Zitronensaft in das Gelee.

3 Blatt rote Gelatine
4 Blatt weiße Gelatine
$1/4$ l Wasser
50 g Zucker
$1/8$ l trockener Weißwein
$1/8$ l Hanf-Sirup
(Fertigprodukt)

Zum Garnieren:
8–10 Zitronenmelisseblätter
$1/8$ l Schlagsahne

Rezepte

Ergibt etwa 25 Stück
1 Tafel (100 g) Vollmilch-
Hanf-Schokolade (z. B. Crunch
Chocolate)
25 g Kuvertüre (Halbbitter)
50 g zimmerwarme Butter
125 g Puderzucker
1 EL Cognac
1 1/2 EL Grand Marnier

Zum Garnieren:
3–4 EL geschälte Hanfsamen,
geröstet

Außerdem:
Papier-Pralinenförmchen

Feine Hanf-Schokotrüffel

☘ Schokolade und Kuvertüre in eine Schüssel bröckeln und unter ständigem Rühren im Wasserbad schmelzen, herausnehmen und abkühlen lassen.

☘ Inzwischen Butter, Puderzucker, Cognac und Grand Marnier glattrühren. Nach und nach die ausgekühlte Schokoladenmasse untermischen und gut verrühren.

☘ Die Trüffelmasse in einen Spritzbeutel (Sterntülle) füllen und kleine Rosetten in die Papier-Pralinenförmchen spritzen. Sofort mit den Hanfsamen bestreuen.

☘ Die Trüffel zum Festwerden etwa 6 Stunden kühl stellen, jedoch möglichst nicht im Kühlschrank.

Tipp:
Sie können die Trüffel auch mit Hanfkrokant (siehe Seite 139) garnieren.

Hanf-Cocktails

Red Sun

🌿 Alle Zutaten mit 1 oder 2 Eiswürfeln in ein Longdrinkglas geben, gut umrühren. Mit Hanf-Limonade auffüllen.

Für 1 Portion:

2 cl Wodka
4 cl Campari
4 cl Grapefruitsaft
1–2 Eiswürfel
Hanf-Limonade zum Auffüllen

Whisky-Hempy

🌿 Alle Zutaten mit den Eiswürfeln in ein Longdrinkglas geben, gut umrühren und mit Hanf-Limonade auffüllen.

Für 1 Portion:

4 cl Whisky
1 Spritzer Angostura
2 Eiswürfel
Hanf-Limonade zum Auffüllen

Hempy-Bempy

🌿 Alle Zutaten mit den Eiswürfeln in ein Longdrinkglas geben. Umrühren und mit Hanf-Limonade auffüllen.

Für 1 Portion:

4 cl brauner Rum
2 cl Apricot Brandy
2 cl Zitronensaft
2 Eiswürfel
Hanflimonade zum Auffüllen

Anhang

Für 1 Portion:

4 cl weißer Rum
2 cl Cointreau
1 cl Zuckersirup
6–8 Spritzer Angostura
1–2 Eiswürfel
Hanf-Limonade zum Auffüllen

Für 4 Portionen:

250 ml Vollmilch
250 ml Multivitaminsaft
2 EL Spirit-of-Hanf-Likör
1 EL Hanföl

Alexandras Spezial

🌿 Die Zutaten mit den Eiswürfeln in ein Longdrinkglas geben, gut umrühren und mit der Hanf-Limonade auffüllen.

Power-Drink für jeden Tag

🌿 Alle Zutaten in einem Gefäß verrühren und in hohe Gläser füllen. Sofort trinken.

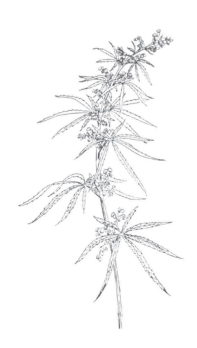

Anhang

Anhang

Einkaufsquellen

Deutschland

HanfHaus GmbH
Waldemarstraße 33
10999 Berlin
Tel. 030/6167 64-0
Fax 030/6160 9841
email: versand@hanfhaus.de
http://www.HanfHaus.de

HanfHaus Berlin
(am Heinrichsplatz)
Oranienstraße 192
10999 Berlin
Tel. 030/614 8102

HanfHaus Berlin Mitte
Große Hamburger Straße 1
10115 Berlin
Tel. 030/2809 7297

HanfHaus Darmstadt
Saalbaustraße 14
64283 Darmstadt
Tel. 06151/298-425
Fax 06151/281-387

HanfHaus Düsseldorf
Mühlenstraße 10
40213 Düsseldorf
Tel. 0211/323 79 22
Fax 0211/323 79 18
email: HanfHaus.ddorf@cityweb.de

HanfHaus Frankfurt/Main
Berger Straße 87
60316 Frankfurt/Main
Tel. 069/43 86 34
Fax 069/43 86 53

HanfHaus Freiburg
Günterstalstraße 26
79100 Freiburg
Tel. 0761/707 00 69
Fax 0761/749 72

HanfHaus Heidelberg
Hauptstraße 35, Hofgarten
69117 Heidelberg
Tel. 06221/600 929
Fax 06221/18 13 16

Einkaufsquellen

HanfHaus Reutlingen
Weingärtner Straße 27
72764 Reutlingen
Tel. 07121/33 92 23
Fax 07121/33 92 27
email: hanfhaus.reutlingen@t-online.de

HanfHaus Schwäbisch-Gmünd
Kapuzinergasse 3
73525 Schwäbisch-Gmünd
Tel. 07171/37 828
Fax 07171/37 755

Schweiz

HanfHaus Zürich
Niederdorfstraße 17
CH-8025 Zürich
Tel. 0041/1-252 41 70
Fax 0041/1-252-41 71

Österreich

Hanf im Glück
Münzgrabenstraße 5
A-8010 Graz
Tel./Fax 0043/316-816275

Tiroler Hanf House
Wilhelm-Greil-Straße 1
A-6020 Innsbruck
Tel./Fax 0043/512-579406

Anhang

Versand-Adressen

Deutschland

Ölmühle Solling
Grudrun & Werner Baensch
Am Schloß 14
37639 Bevern
Tel. 05531/120557
Fax 05531/916568

Zehlendorfer Ölmühle
Schadeberg 4a
29413 Diesdorf
Tel. 03902/950 160
Fax 03902/950 161

Designer Food
Linienstraße 70
40227 Düsseldorf
Tel. 0211/977 920
Fax 0211/977 9277
http://www.hemp.de
email: info@hemp.de

Greenhouse
Würzburger Straße 10
60385 Frankfurt/Main
Tel. 069/945 923 22
Fax 069/945 923-23

Gültsteiner Mühle
Fa. Werner Unsöld
Nebringer Straße 2
71083 Herrenberg-Gültstein
Tel. 07032/9924-25
Fax 07032/9924-27

Rapunzel Naturkost AG
Haldergasse 9
87764 Legau
Tel. 08330/910-133
Fax 08330/910 139

Hanf & Natur
Gimborner Straße 98
51709 Marienheide
Tel. 02264/286990
Fax 02264/28418
http://www.hanf-natur.de
email: ifhemp@t-online.de

Rainer Gräf (Landwirt)
Gut Gnötzheim
97340 Martinsheim
Tel. 09339/241
Fax 09339/1480

Versand-Adressen

Mörk-naturprodukte
Dr. Michael Metz
Raidwanger Straße 12
72622 Nürtingen
Tel. 07022/95366-53
Fax 07022/95366-54
email: moerk-natur@t-online.de

Dupetit Natural Products
Alfredo Dupetit Bernardi
Hauptstraße 41
63930 Richelbach
Tel. 09378/99590
Fax 09378/394

Österreich

Hanf im Glück
Münzgrabenstraße 5
A-8010 Graz
Tel./Fax: 0043/316-816275

Tiroler Hanf House
Wilhelm-Greil-Straße 1
A-6020 Innsbruck
Tel./Fax: 0043/512-579406

HANF IN
St.-Julien-Straße 8
A-5020 Salzburg
Tel. 0043/662-873718
Fax 0043/662-459051

MAMOMO
Magic Mountain Moments
(Hanf-Großhandel)
Haunspergstraße 78
A-5020 Salzburg
Tel./Fax: 0043/662-459051

Andreas Kreutner HandelsgmbH
Falkensteinstraße 40
A-6130 Schwaz
Tel. 0043/5242-72 451
Fax 0043/5242-72 776

Anhang

Werner's Naturspezialitäten
A-8503 St. Josef 14
Tel. 0043/3136-83200
Fax 0043/3136-832004

Roswitha & Franz Moises
Hanfprodukte aus eigenem Anbau
Moosing 10
A-8565 St. Johann ob Hohenburg
Tel./Fax 0043/3137-4129
mobil: 0043/676-403 4242

Biohanf OEG
Kirchengasse 7
A-4400 Steyr
Tel./Fax: 0043/7252-86755
email: bio-hanf@surfeu.at

Hanf-Büro/Spirit of Hanf
Iglaseegasse 72
A-1190 Wien
Tel. 0043/1-320 5758
Fax 0043/1-320 5750
http://www.europower.at
email: power@europower.at

Institutionen

Weitere Institutionen

HanfGesellschaft e.V.
Am Treptower Park 30
12435 Berlin
Tel. 030/53 33 44 13
Fax 030/53 33 44 14

TreuHanf AG
Am Treptower Park 30
12435 Berlin
Tel. 030/53 69 91 53
Fax 030/53 69 91 54
email: treuhanf@treuhanf.de
http://www.treuhanf.de

Hanfmuseum Berlin
Mühlendamm 5
10178 Berlin
Tel. 030/24 248 27
Fax 030/24 720 234
http://www.dhm.de/museen/hanf/
+ www.hanflobby.de

Nova-Institut
Michael Karus
Goldenbergstraße 2
50354 Hürth
Tel. 02233/94 36 84
Fax 02233/94 36 83
email: contact@nova-institut.de

Arbeitsgemeinschaft
Cannabis als Medizin (ACM)
Maybachstraße 14
50670 Köln
Tel. 0221/912 30 33

Österreichisches Hanf-Institut
Kranzgasse 31/10
A-1150 Wien
Tel. 0043/1-961 06 01
Fax 0043/1-961 06 02
http://www.hanf.at
email: hanf-institut@wvnet.at
oder: hanf-institut@magnet.at

Verein Schweizer
Hanf-Freunde/innen
Postfach
CH-9004 St. Gallen

International Hemp Association
Postbus 75007
NL-1070 AA Amsterdam

H.E.M.P.
Jack Herer
5632 Van Nuys Blvd., Suite 310
USA - Van Nuys, CA 91401
Tel. 001/310/3921 806

153

Anhang

Literatur

Ingrid Brosch, Peter Klampferer,
Andreas Kreuther:
Hanfzeit. Uranus-Verlagsges. m.b.H.,
Wien, 1997.

Ralf Buck: Das Hanfbackbuch. Verlag die
Werkstatt, Göttingen, 1998.

Katrin Gebhardt: Backen mit Hanf. AT
Verlag, Aarau, 1997.

HANF
Das größte Journal für Hanfkultur
Postfach 7
79233 Vogtsburg
Tel./Fax: 07662-9 11 99 5

Die kleine rauschlose Hanfkochfibel.
Bonna Terra Media-Kurier,
Schöppenstedt, 1997.

Hanfsamen und Hanföl.
Ernährungsphysiologischer und thera-
peutischer Wert, Nova-Institut, Hürth,
1997.

Jack Herer, Mathias Bröckers:
Die Wiederentdeckung der Nutzpflanze
Hanf. Zweitausendeins, Frankfurt/Main,
1993.

(Taschenbuch: Wilhelm Heyne Verlag,
München, 1997)
Horst Sagunski, Eva-Susanne Lichtner,
Corinna Hembd: Hanf – Das Praxis-
buch. Ludwig Verlag, München, 1996.

Gisela Schreiber: Handbuch HANF.
Wilhelm Heyne Verlag, München, 1997.

Rezeptregister nach Sachgruppen

Vorspeisen und Snacks

Auberginen-Hanf-Püree 27
Backblechkartoffeln mit gerösteten Hanfsamen
    und Hanf-Quark-Sauce 34
Carpaccio vom Kalb mit Hanf-Vinaigrette 30
Gemüse mit pikanter Hanfcreme 24
Geröstete Knoblauch-Hanf-Brote
    mit Tomaten 29
Hanf-Buletten vegetarisch 33
Hanf-Crêpes mit Gemüsefüllung 35
Hanfige Mini-Pfannkuchen 38
Hanfige Wachtelspieße 36
Hanf-Knoblauch-Sauce 23
Hanf-Snack 22
Hanf-Ziegenkäse-Creme
    mit Basilikum 28
Kalbfleisch-Hanf-Frikadellen 32
Kapern-Hanf-Sauce 26
Lachs-Carpaccio mit Hanf-Zitronen-Dressing
    und Lachskaviar 31
Spinat mit Hanf-Zitronen-Sauce 37
Ziegenkäse mit pikanter Hanföl-Sauce
    und Hanfsamen 25

Salate

Bulgur-Hanf-Salat mit Gemüse 42
Eisberg-Champignon-Salat
    mit Hanf-Sesam-Dressing 41
Endiviensalat mit sahniger
    Apfel-Hanfsamen-Sauce 51
Erdbeer-Frisée-Salat mit Putenleber
    und knusprigen Hanfsamen 52

Gelb-grüner Zucchinisalat
    mit Hanf-Basilikumsauce 39
Kapuzinerkresse-Salat
    mit Hanf-Schnittlauch-Dressing 54
Kartoffel-Mozzarella-Salat
    mit Rauke und Hanfsauce 44
Lauwarmer Linsen-Hanf-Salat 48
Petersilien-Hanf-Salat mit Möhren 50
Raukesalat mit Parmesan
    und gerösteten Hanfsamen 53
Reis-Zucchini-Salat mit Tiefseegarnelen
    und Sesam-Hanf-Sauce 40
Wildreis-Kürbis-Salat
    mit gerösteten Hanfsamen 45
Zucchinisalat mit Hanf-Mandelsauce 47
Zucchini-Tomaten-Salat mit Hanfsauce 46
Zuckerschoten-Melonen-Salat
    mit Hanfsamen und Mandeln 49

Suppen und Eintöpfe

Cremige Kichererbsen-Hanfsuppe 60
Dinkel-Hanf-Cremesuppe mit Sauerkraut 55
Gemüse-Hanf-Eintopf 70
Gemüse-Hanf-Eintopf mit Hähnchenfleisch 71
Hanf-Petersilienwurzel-Cremesuppe 59
Hanfsamensuppe mit Gemüsestreifen
    und Hanf-Croûtons 58
Hanf-Sellerie-Lauchsuppe 64
Hanfsuppe mit Erbsen, Möhren
    und frischer Minze 69
Kalte Joghurtsuppe mit Hanfsamen
    und Kräutern 73
Kartoffel-Hanfsuppe 66
Kerbelsuppe mit Hanf-Quarkklößchen 61
Klare Kartoffelsuppe mit Hanf-Pesto 67
Klare Zucchinisuppe
    mit Hanf-Käseklößchen 65

Anhang

Kürbiscremesuppe
  mit gerösteten Hanfsamen 68
Lamm-Eintopf mit Gemüse und Hanf 72
Rote-Bete-Suppe
  mit Kalbsbrät-Hanf-Klößchen 62
Topinambur-Apfel-Suppe
  mit grünem Hanf-Eierstich 56
Wildgemüsesuppe mit Hanf 63

Süsse Suppen

Hagebuttensuppe
  mit gerösteten Hanfsamen 76
Hanfbiersuppe mit Schneeklößchen 75
Süße Hanfsuppe 74

Vegetarische Hauptgerichte und Beilagen

Chinakohlrouladen
  mit pikanter Tofu-Hanfsamen-Füllung 88
Chinesisches Gemüse-Reis-Gericht
  mit Hanf 78
Dicke-Bohnen-Gemüse mit Hanfsamen 81
Gemüse-Allerlei mit Hanfkartoffeln 77
Hanf-Auflauf mit Grünkohl 79
Hanfbratlinge mit Ananas-Salsa 80
Hanf-Gnocchi mit Salbeibutter 90
Hanf-Kartoffeln mit Salbei 84
Hanfnudeln mit Gemüse-Hanfsauce 92
Hanf-Pizza mit Tomaten und Kräutern 94
Hanf-Risotto mit Gemüse 96
Kartoffel-Hanf-Gratin 85
Linsengemüse mit Hanfsamen und Apfel 82
Paprikaschoten
  mit Pilz-Hanfsamenfüllung 86
Risotto alla milanese 97
Warmer Pilz-Tofu in Hanfmarinade
  mit Hanf-Spinat 83

Fischgerichte

Forelle in Hanfkruste 103
Grüne Heringe mit Hanfsamen in Alufolie 102
Hanfige Fischspieße 98
Kabeljau in Hanf-Senf-Sauce 99
Seeteufelmedaillons mit Hanfsamen 104
Zanderfilets mit Hanfsamenkruste
  auf Rote-Bete-Hanfgemüse 100

Geflügelgerichte

Hähnchenflügel
  mit knuspriger Hanfsamenkruste 106
Hähnchen-Paprika-Frikassee
  mit gerösteten Hanfsamen 110
Hanf-Kokos-Huhn 109
Putenragout mit Hanfsamen
  und Gemüse-Eier-Pudding 111
Taubenbrust im Hanfmantel mit Mangold
  und Tomaten-Hanf-Gemüse 107
Vierländer Entenbrust
  auf Artischocken-Hanfsauce 105

Fleischgerichte

Gefüllter Kaninchenrücken mit Rotkohl 118
Kalbsragout mit Hanfsamen 116
Kalbsschnitzel mit Hanfpanade und Rucola-Zuc-
  chini-Salat in Hanföl-Dressing 117
Lammpilaw mit Hanfsamen 120
Lammrücken mit Hanf-Kräuterkruste 113
Rinderschmorbraten in Hanfbier 115

Rezeptregister nach Sachgruppen

Brot und Gebäck

Hanfbrot mit Hanf- und Sesamsamen 124
Hanf-Brötchen 125
Hanf-Gewürzbrot 123
Hanf-Hefe-Brot 122
Hanf-Kräuterbrot 123
Hanf-Müsli-Würfel 132
Hanf-Napfkuchen mit Quark 131
Hanf-Sonnenblumen-Ecken 126
Hanf-Torte mit Aprikosen und Quark 130
Hanf-Vollkornkekse 127
Hanf-Zwiebelbrot 121
Kirsch-Hanf-Torte mit Honig-Sahneguß 129
Zwetschgen-Hanf-Kuchen mit Streuseln 128

Desserts

Apfel-Hanf-Parfait 140
Brombeermousse mit Hanfkrokant 139
Crêpes mit Schoko-Nougat-Füllung 134
Erdbeer-Joghurt
  mit gerösteten Hanfsamen 135
Feine Hanf-Schokotrüffel 144
Hanfsamen-Creme 142
Hanf-Schokoladen-Mousse 141
Hanfwaffeln 133
Hanf-Wein-Gelee mit Zitronenmelisse 143
Lebkuchen-Hanf-Soufflé mit zwei Saucen 137
Topfen-Hanf-Knödel
  mit Brösel-Hanf-Butter 136

Hanf-Cocktails

Alexandras Spezial 146
Hempy-Bempy 145
Power-Drink für jeden Tag 146
Red Sun 145
Whisky-Hempy 145

Saucen

Ananas-Salsa 80
Artischocken-Hanfsauce
  zu Vierländer Entenbrust 105
Gemüse-Hanfsauce zu Hanfnudeln 92
Hanf-Vinaigrette 30
Hanf-Basilikumsauce 39
Hanf-Knoblauch-Sauce 23
Hanf-Mandelsauce 47
Hanf-Quark-Salatsauce 20
Hanf-Quark-Sauce 34
Hanf-Salatsauce 19
Hanfsauce (mit Essig) 44
Hanfsauce (mit Zitronensaft) 46
Hanf-Schnittlauch-Dressing 54
Hanf-Senf-Sauce zu Kabeljau 99
Hanf-Sesam-Dressing 41
Hanf-Zitronen-Dressing 31
Hanf-Zitronen-Sauce 37
Kapern-Hanf-Sauce 26
Pikante Hanföl-Sauce 25
Sahnige Apfel-Hanfsamen-Sauce 51
Sesam-Hanf-Sauce 40

Anhang

Alphabetisches Rezeptverzeichnis

Alexandras Spezial 146
Ananas-Salsa 80
Apfel-Hanf-Parfait 140
Apfel-Hanfsamen-Sauce, sahnig 51
Auberginen-Hanf-Püree 27

Backblechkartoffeln mit gerösteten Hanfsamen
und Hanf-Quark-Sauce 34
Bohnen-Gemüse von Dicken Bohnen
mit Hanfsamen 81
Brombeermousse mit Hanfkrokant 139
Bulgur-Hanf-Salat mit Gemüse 42

Carpaccio vom Kalb mit Hanf-Vinaigrette 30
Chinakohlrouladen
mit pikanter Tofu-Hanfsamen-Füllung 88
Chinesisches Gemüse-Reis-Gericht
mit Hanf 78
Cremige Kichererbsen-Hanfsuppe 60
Crêpes mit Schoko-Nougat-Füllung 134
Crêpes, Hanf-, mit Gemüsefüllung 35

Dicke Bohnen-Gemüse mit Hanfsamen 81
Dinkel-Hanf-Cremesuppe mit Sauerkraut 55

Eisberg-Champignon-Salat
mit Hanf-Sesam-Dressing 41
Endiviensalat
mit sahniger Apfel-Hanfsamen-Sauce 51
Entenbrust, Vierländer,
auf Artischocken-Hanfsauce 105
Erdbeer-Frisée-Salat mit Putenleber
und knusprigen Hanfsamen 52
Erdbeer-Joghurt
mit gerösteten Hanfsamen 135

Feine Hanf-Schokotrüffel 144
Fischspieße, hanfig 98
Forelle in Hanfkruste 103

Gefüllter Kaninchenrücken mit Rotkohl 118
Gelb-grüner Zucchinisalat
mit Hanf-Basilikumsauce 39
Gemüse mit pikanter Hanfcreme 24
Gemüse-Allerlei mit Hanfkartoffeln 77
Gemüse-Eier-Pudding zu Putenragut 111
Gemüse-Hanf-Eintopf 70
Gemüse-Hanf-Eintopf mit Hähnchenfleisch 71
Gemüse-Hanfsauce zu Hanfnudeln 92
Gemüse-Reis-Gericht,
chinesisch, mit Hanf 78
Geröstete Knoblauch-Hanf-Brote
mit Tomaten 29
Grüne Heringe mit Hanfsamen in Alufolie 102

Hagebuttensuppe, süß,
mit gerösteten Hanfsamen 76
Hähnchenflügel
mit knuspriger Hanfsamenkruste 106
Hähnchen-Paprika-Frikassee
mit gerösteten Hanfsamen 110
Hanf-Auflauf mit Grünkohl 79
Hanf-Basilikumsauce 39
Hanfbiersuppe mit Schneeklößchen 75
Hanfbratlinge mit Ananas-Salsa 80
Hanfbrot mit Hanf- und Sesamsamen 124
Hanf-Brötchen 125
Hanf-Buletten vegetarisch 33
Hanf-Crêpes mit Gemüsefüllung 35
Hanf-Eierstich zu Topinambur-Apfel-Suppe 56
Hanf-Gewürzbrot 123
Hanf-Gnocchi mit Salbeibutter 90
Hanf-Hefe-Brot 122
Hanfige Fischspieße 98
Hanfige Mini-Pfannkuchen 38

Alphabetisches Rezeptverzeichnis

Hanfige Wachtelspieße 36
Hanf-Kartoffeln mit Salbei 84
Hanfkartoffeln zu Gemüse-Allerlei 77
Hanf-Knoblauch-Sauce 23
Hanf-Kokos-Huhn 109
Hanf-Kräuterbrot 123
Hanf-Mandelsauce 47
Hanf-Müsli-Würfel 132
Hanf-Napfkuchen mit Quark 131
Hanfnudeln mit Gemüse-Hanfsauce 92
Hanföl-Sauce, pikant 25
Hanf-Petersilienwurzel-Cremesuppe 59
Hanf-Pizza mit Tomaten und Kräutern 94
Hanf-Quark-Salatsauce 20
Hanf-Quark-Sauce 34
Hanf-Risotto mit Gemüse 96
Hanf-Salatsauce 19
Hanfsamen-Creme 142
Hanfsamensuppe mit Gemüsestreifen
   und Hanf-Croûtons 58
Hanfsauce (mit Essig) 44
Hanfsauce (mit Zitronensaft) 46
Hanf-Schnittlauch-Dressing 54
Hanf-Schokoladen-Mousse 141
Hanf-Schokotrüffel, fein 144
Hanf-Sellerie-Lauchsuppe 64
Hanf-Senf-Sauce zu Kabeljau 99
Hanf-Snack 22
Hanf-Sonnenblumen-Ecken 126
Hanfsuppe mit Erbsen, Möhren
   und frischer Minze 69
Hanf-Torte mit Aprikosen und Quark 130
Hanf-Vinaigrette 30
Hanf-Vollkornkekse 127
Hanfwaffeln 133
Hanf-Wein-Gelee mit Zitronenmelisse 143
Hanf-Ziegenkäse-Creme mit Basilikum 28
Hanf-Zitronen-Dressing 31
Hanf-Zitronen-Sauce 37

Hanf-Zwiebelbrot 121
Hempy-Bempy 145
Heringe, grün, mit Hanfsamen in Alufolie 102
Huhn mit Hanf und Kokos 109

Joghurtsuppe, kalt, mit Hanfsamen
   und Kräutern 73

Kabeljau in Hanf-Senf-Sauce 99
Kalbfleisch-Hanf-Frikadellen 32
Kalbsbrät-Hanf-Klößchen
   zu Rote-Bete-Suppe 62
Kalbsragout mit Hanfsamen 116
Kalbsschnitzel mit Hanfpanade und Rucola-
   Zucchini-Salat in Hanföl-Dressing 117
Kalte Joghurtsuppe mit Hanfsamen
   und Kräutern 73
Kaninchenrücken, gefüllt, mit Rotkohl 118
Kapern-Hanf-Sauce 26
Kapuzinerkresse-Salat
   mit Hanf-Schnittlauch-Dressing 54
Kartoffel-Hanf-Gratin 85
Kartoffel-Hanfsuppe 66
Kartoffel-Mozzarella-Salat
   mit Rauke und Hanfsauce 44
Kartoffelsuppe, klar, mit Hanf-Pesto 67
Kerbelsuppe mit Hanf-Quarkklößchen 61
Kichererbsen-Hanfsuppe, cremig 60
Kirsch-Hanf-Torte mit Honig-Sahneguß 129
Klare Kartoffelsuppe mit Hanf-Pesto 67
Klare Zucchinisuppe mit Hanf-Käseklößchen 65
Knoblauch-Hanf-Brote, geröstet, mit Tomaten 29
Kürbiscremesuppe
   mit gerösteten Hanfsamen 68
Kürbis-Wildreis-Salat
   mit gerösteten Hanfsamen 45

Lachs-Carpaccio mit Hanf-Zitronen-Dressing
   und Lachskaviar 31

159

Anhang

Lamm-Eintopf mit Gemüse und Hanf 72
Lammpilaw mit Hanfsamen 120
Lammrücken mit Hanf-Kräuterkruste 113
Lauwarmer Linsen-Hanf-Salat 48
Lebkuchen-Hanf-Soufflé mit zwei Saucen 137
Linsengemüse mit Hanfsamen und Apfel 82
Linsen-Hanf-Salat, lauwarm 48

Mini-Pfannkuchen, hanfig 38

Paprikaschoten mit Pilz-Hanfsamenfüllung 86
Petersilien-Hanf-Salat mit Möhren 50
Pikante Hanföl-Sauce 25
Pilz-Tofu, warm, in Hanfmarinade
 mit Hanf-Spinat 83
Power-Drink für jeden Tag 146
Putenragout mit Hanfsamen und Gemüse-Eier-
 Pudding 111

Raukesalat mit Parmesan und gerösteten
 Hanfsamen 53
Red Sun 145
Reis-Zucchini-Salat mit Tiefseegarnelen und
 Sesam-Hanf-Sauce 40
Rinderschmorbraten in Hanfbier 115
Risotto alla milanese 97
Rote-Bete-Hanfgemüse zu Zanderfilet 100
Rote-Bete-Suppe
 mit Kalbsbrät-Hanf-Klößchen 62
Rucola-Zucchini-Salat zu Kalbsschnitzel 117

Sahnige Apfel-Hanfsamen-Sauce 51
Seeteufelmedaillons mit Hanfsamen 104
Sesam-Hanf-Sauce 40
Spinat mit Hanf-Zitronen-Sauce 37
Süße Hanfsuppe 74

Taubenbrust im Hanfmantel mit Mangold und
 Tomaten-Hanf-Gemüse 107

Topfen-Hanf-Knödel mit Brösel-Hanf-Butter 136
Topinambur-Apfel-Suppe
 mit grünem Hanf-Eierstich 56

Vegetarische Hanf-Buletten 33
Vierländer Entenbrust
 auf Artischocken-Hanfsauce 105

Wachtelspieße, hanfig 36
Warmer Pilz-Tofu in Hanfmarinade
 mit Hanf-Spinat 83
Whisky-Hempy 145
Wildgemüsesuppe mit Hanf 63
Wildreis-Kürbis-Salat
 mit gerösteten Hanfsamen 45

Zanderfilets mit Hanfsamenkruste
 auf Rote-Bete-Hanfgemüse 100
Ziegenkäse mit pikanter Hanföl-Sauce
 und Hanfsamen 25
Ziegenkäse-Creme mit Hanföl und Basilikum 28
Zucchini-Reis-Salat mit Tiefseegarnelen
 und Sesam-Hanf-Sauce 40
Zucchinisalat, gelb-grün,
 mit Hanf-Basilikumsauce 39
Zucchinisalat mit Hanf-Mandelsauce 47
Zucchinisuppe, klar, mit Hanf-Käseklößchen 65
Zucchini-Tomaten-Salat mit Hanfsauce 46
Zuckerschoten-Melonen-Salat mit Hanfsamen
 und Mandeln 49
Zwetschgen-Hanf-Kuchen mit Streuseln 128